Andrea Walter

Wo Elfen noch helfen

Andrea Walter

Wo Elfen noch helfen

Warum man Island einfach lieben muss

Diederichs

Verlagsgruppe Random House FSC®-N001967
Das für dieses Buch verwendete FSC®-zertifizierte Papier
Classic 95 liefert Stora Enso, Finnland.

4. Auflage 2014
© 2011 Diederichs Verlag, München,
in der Verlagsgruppe Random House GmbH
Umschlaggestaltung: WEISS | WERKSTATT | MÜNCHEN
unter Verwendung eines Motivs © shutterstock
Bildcollage © WEISS | WERKSTATT | MÜNCHEN
Druck und Bindung: GGP Media GmbH, Pößneck
Printed in Germany
ISBN 978-3-424-35065-4

www.diederichs-verlag.de

»Ich kenne den deutschen Ausdruck für isländischen Lebensstil. Er heißt: Extremismus. Wir gehen immer den ganzen Weg, die ganze Zeit.«

HELGI, ein Kollege vom Morgunblaðið

»Ein Aufenthalt in Island ist immer mit Terminplanänderungen verbunden und mit Unwägbarkeiten. Aber du weißt doch, wie man hier reist: Du folgst dem guten Wetter. Und wenn eine Straße gesperrt ist, fährst du einfach einen Umweg und das Leben ist gut.«

GISLI, ein anderer Kollege

»Wir glauben an das Leben vor dem Tod.«

DAGUR, noch ein Kollege vom Morgunblaðið

Inhalt

Velkomin til undralandsins
Willkommen im Wunderland

Stellen wir uns einmal ein Land vor, in dem alles Mögliche möglich ist und vieles anders läuft, als wir es kennen. Ein Land, in dem es nur wenige Bäume gibt, aber dafür einen Überfluss an Merkwürdigkeiten. Die Berge zum Beispiel sind nicht nur schwarz und grau und braun, sondern auch schwefelgelb, rostrot oder kupfergrün gesprenkelt. Und die Erde brodelt an manchen Orten und faucht und stinkt fürchterlich zum Himmel.

Nicht weit davon gibt es Gletscher und Eislagunen, die so zauberhaft schön sind und von solch zartem Blau, dass einem ganz warm ums Herz wird, obwohl es in ihrer Nähe eisig kalt ist.

In diesem Land leben unzählig viele Vögel und ihr Singen und Flattern klingt genauso betörend wie die schönsten Sinfonien der berühmtesten Komponisten. Manche von ihnen sehen aus wie kleine Pinguine mit bunten Schnäbeln, die beim Fliegen so aufgeregt mit den Flügeln schlagen, als wären sie zu dick geratene Kolibris.

In diesem Land gibt es Geister und die Fantasie kennt keine Grenzen. Die Natur macht die eigenartigsten Geräusche und ist noch so wild, dass man meint, man sei mitten in ein Wunderland geplumpst oder in einen verrückten Traum. Und das Schönste: Die meisten Menschen dort, selbst die Erwachsenen, erlauben sich noch, so zu sein, wie sie wirklich sind. Frei, voller lustiger Einfälle und Unfug im Kopf.

In diesem Land gibt es überall Pferde, Schafe und rauschende Wasserfälle. Und jeden Moment kann etwas Überraschendes oder völlig Unerwartetes geschehen, weshalb man die Welt immer wieder von Neuem betrachten muss. Die Stürme zum Beispiel sind so gewaltig, dass man meint, sie könnten Menschen und Häuser wegpusten. Jemand, den man fragt, wie es ihm geht, sagt: »Gut – bis was anderes passiert.« Weil die Erde jederzeit eine Revolution anzetteln könnte, beben und bersten und Feuer spucken, denn es gibt so viele aktive Vulkane, dass jeden Moment einer hochgehen kann.

Diese Gefahr macht den Menschen aber trotzdem keine große Angst. Sondern erinnert sie daran, jetzt zu leben und nicht irgendwann, wenn es besser passt, wenn all die Arbeit getan ist oder genügend Geld gespart, was sowieso nie der Fall ist.

Vieles ist ein Rätsel in diesem Land und die erstaunlichsten Dinge sind sonnenklar. Man hat zum Beispiel immer das Gefühl, am richtigen Ort zu sein, weil eigentlich überall etwas los ist und wenn nicht, selbst das Nichts interessant ist. Die Sonne geht in diesem Land im Sommer kaum unter und im Winter so gut wie gar nicht auf. Außerdem quillt so viel Energie aus dem Boden, dass man damit die Häuser, die Bürgersteige und eine Bucht im Meer beheizen kann. Jeder duzt sich in diesem Land, selbst den Präsidenten duzt man. Und es gibt eine Zeitung, die jeden Samstag die Namen aller Bewohner abdruckt, die in der kommenden Woche einen besonderen Geburtstag haben.

Die Geschichten liegen dort auf der Straße und lauern hinter jedem Stein. Die Luft ist so frisch wie ein Eisbonbon und das kalte Leitungswasser so lecker, dass man keine Limonade braucht. Es leben nur wenig Menschen in diesem Land, aber dafür ist jeder berühmt und das für etwas, das er von Herzen liebt. Es gibt wüste Ödnis in diesem Land und Einsamkeit und jedes Wetter innerhalb von einer Stunde. Regenbögen und Nordlichter sind so normal wie Wolken. Vielleicht macht deshalb jeder Mensch irgendetwas Kreatives, malt oder musiziert oder schreibt. Jedenfalls überlegt man schon scherzhaft, ein Denkmal aufzustellen, für den einzigen Bewohner, der nie in seinem Leben ein Gedicht geschrieben hat.

Stellen wir uns einmal ein Land vor, in dem Komiker Bürgermeister werden können und Elfen berühmt.

Dieses Land gibt es nicht?

Doch, das gibt es.

Es liegt kurz unter dem Polarkreis. Irgendwo zwischen Norwegen und der Eiswelt Grönlands.

Es heißt Island.

TEIL 1

Mein erster Besuch im Land der Wunder

Velkomin heim
Willkommen zu Hause

Natürlich hätte ich es mir denken müssen, und das nicht erst beim Blick aus dem Flugzeugfenster. Island ist nicht nur ein bisschen, sondern ziemlich anders. Durch die Wolken hindurch schaue ich auf eine seltsame Welt.

Unter mir liegen schwarze Ebenen, durch die sich Wasserarme schlängeln, die im Sonnenlicht golden funkeln. Nicht weit davon thronen gewaltige Gletschermassen auf Bergen. Von Nahem sind sie majestätisch schön. Von oben ähneln sie eher gigantischen Vogelschissen, die ein sagenumwobenes Tier hier abgeworfen hat.

Verzeihung, aber so ist das, wenn man sich auf eine Reise nach Island begibt. Schnell wachsen der Fantasie Flügel beim Anblick dieser Natur. Dafür muss man sich nur einmal historische Landkarten ansehen. Dort speien Vulkane an Land Feuer und im Meer tummeln sich Ungeheuer. Pferde mit Drachenschwänzen und Fische, die wie Dinosaurier aussehen, mit Raubtierpranken, fiesen Zähnen und Wasserfontänen, die aus ihren Köpfen sprudeln.

Aber von vorn. Es ist Sonntag, der 30. März 2003, und ich fliege zum ersten Mal nach Island. Ich habe ein Stipendium. Für ein paar Monate soll ich als Journalistin in Reykjavík leben und arbeiten. Beim *Morgunblaðið*, dem »Morgenblatt«, der damals größten isländischen Tageszeitung. Ich habe zu diesem Zeitpunkt keine Ahnung, dass ich immer wieder auf diese Insel zurückkehren werde, weil mich dieses Land seitdem nicht mehr loslässt.

Viel weiß ich damals nicht von Island. Außer, dass Björk hier herkommt, die berühmte Sängerin mit der heiser-verwunschen Stimme, der extravaganten Musik und den wilden Kostümen. Eine Freundin von mir träumt von der Insel, weil sie als Kind so gern *Nonni und Manni* guckte. Eine andere wegen Björk und der Band *Sigur Rós*. Wieder eine andere wegen der Gletscher und Vulkane. Ich möchte einfach mal raus. Und wissen, wie sich das obere Ende Europas anfühlt. Dort, wo die Natur noch ungezähmt ist.

Natürlich habe ich mich vorher schlaugemacht. Island ist die größte Vulkaninsel der Welt und nach Großbritannien der zweitgrößte Inselstaat Europas – wenngleich das Land so weit oben und so weit westlich im Nordatlantik liegt, dass man dort gefühlt schon halb in Nordamerika ist. Island hatte damals knapp 300 000 Einwohner, heute sind es gut 20 000 mehr. Das entspricht ungefähr der Einwohnerzahl Bonns, Mannheims oder Bielefelds. Dabei ist es ein ganzer Staat.

Und in dem wohnen fast alle an einem Fleck: Zwei Drittel der Bevölkerung wohnen im Ballungszentrum in oder um die Hauptstadt Reykjavík herum. Der Rest des Landes ist nur spärlich besiedelt. In Island leben drei Menschen pro Quadratkilometer, bei uns sind es 229. Die gesamte Fläche der Insel beträgt 103 000 Quadratkilometer, das ist ungefähr so groß wie die Fläche der ostdeutschen Bundesländer oder die von Bayern und Baden-Württemberg zusammengerechnet. Die Landesmitte ist unbewohnt, weil sie ein Reich aus Lavafeldern, Gletschern und Vulkanen ist. Eine Ödnis, in der es sich schlecht leben lässt. Vom Flugzeugfenster aus schaue ich auf die Südküste, an der wüste Wellen auf dunkle Strände zurollen.

Auf der Landzunge Reykjanes im Südwesten Islands, an deren Spitze der internationale Flughafen Keflavík liegt, ragen schneebedeckte Berge aus einer Ebene aus Lava. Reykjanes befindet sich direkt auf dem mittelatlantischen Rücken, der sich diagonal von Südwesten nach Nordosten über die Insel zieht und Island so vulkanisch macht. Denn hier, mitten im Land, driften die Kontinentalplatten Nordamerikas und Europas auseinander. Jedes Jahr um ungefähr zwei Zentimeter, weshalb die Erde dort regelmäßig rumort und Magma spuckt, um die Lücke wieder zu schließen. In Island ist man dicht dran am heißen Herz der Welt. Vor dunklen Bergen tänzeln weiße Schwaden aus Dampf.

Die Landung verläuft noch normal. Doch dann geschieht etwas Eigenartiges. Kaum raus aus der Maschine sind plötzlich so gut wie alle, die an Bord zuvor noch Isländisch sprachen, verschwunden. Wie vom Erdboden verschluckt. Es dauert, bis sie am Rollband erscheinen, das sich längst dreht und die Koffer ausspuckt. Was haben sie nur so lange gemacht?

Die Antwort: Sie waren im Duty-free-Geschäft, fast alle von ihnen. Ein paar Tage später werde ich begreifen, wieso. Das Land hat eine der höchsten Alkoholsteuern Europas. »Jemandem einen auszugeben, ist in anderen Ländern eine Einladung«, sagte mal jemand zu mir. »Bei uns ist es eine Investition.« Was die Isländer wohlgemerkt trotzdem nicht davon abhält, spendabel zu sein. Und das, obwohl ein Glas Wein im Restaurant damals knapp zehn Euro kostet und ein Bier in der Bar rund sieben.

Ein paar Wochen später werde ich noch etwas verstehen, nämlich, weshalb man mich am Flughafen so gründlich filzt, meine Wanderstiefel durchleuchtet, mich und meinen Koffer von oben bis unten checkt. Aber dazu später. Wenn es um Gefängnisse geht.

Zunächst bin ich frei. Ich schiebe meinen Rollwagen, auf dem so entzückend »Velkomin heim« (willkommen zu Hause) steht, Richtung Ausgang. Ein Isländer bleibt, kaum ist er vor die Tür des Gebäudes getreten, stehen. Er atmet tief ein und lächelt beseelt. Ich schaue ihn an. Er sagt: »Die Luft! Ich vermisse sie jedes Mal, wenn ich weg bin.« Die isländische Luft, sagt er, sei »eine der besten auf der Welt«. Und es stimmt, die Luft in Island ist wirklich sehr frisch. Abgesehen davon sind die Isländer auf vieles stolz, was es in ihrem Land gibt. Aber das weiß ich zu diesem Zeitpunkt noch nicht. Ich steige in den Bus, der mich nach Reykjavík bringt.

Eine Dreiviertelstunde dauert die Fahrt vom Flughafen in die Hauptstadt. Der Weg führt vorbei an einer Landschaft aus Lava, die sich am Wegesrand auftürmt. Eine eigenwillige Mondlandschaft. Eigentlich seltsam, dass sich hier überhaupt irgendwann Menschen niedergelassen haben. Zugleich berührt mich diese reduzierte Natur. Das Meer ist so schön dunkelblau, der Blick kann so weit schweifen und staunen über die Innereien der Erde, bedeckt mit einer feinen Schicht aus Moos. Außerdem ist es, als könnte man bereits fühlen, dass die Erdkruste hier dünner ist und das Leben ungebremster. Lavageröll als Abbild der isländischen Seele. Eine Poesie der Urgewalten. Ein Stück Land, das einfach noch so ist, wie es nun einmal ist. Wie die Welt, als sie erschaffen wurde.

»Dort, wo der weiße Dampf aufsteigt«, sagt jemand und zeigt in die Ferne, »liegt die Blaue Lagune.« Es ist das merkwürdigste

Freibad der Welt. Ein milchig-blauer See mitten in der Lava, der, wie so vieles in Island, aus Zufall entstanden ist. Zunächst war er bloß das Abfallprodukt des geothermischen Kraftwerks, das in der Nähe liegt und in dem man aus 2000 Metern Tiefe 240 Grad Celsius heißes Wasser nach oben pumpt, um mit seinem Dampf Frischwasser zu erhitzen. Das abgekühlte Wasser leitete man früher einfach in die Lavafelder, wo sich die warme Brühe sammelte und nichts weiter damit geschah. Bis eines Tages in den 1980er-Jahren ein Werksmitarbeiter auf die Idee kam, darin zu baden. Der Rest ist eine beachtliche Erfolgsgeschichte: Man stellte fest, dass das Thermalwasser Menschen mit Hautkrankheiten guttut. So wurde die Lagune erst zum Heilbecken, dann zur Touristenattraktion.

Und noch einem Zeichen von Islands Energie begegnet man gleich zu Beginn, kurz bevor man ins Hauptstadtgebiet kommt. Man fährt an einer türkisgrünen Fabrikanlage mit rot-weiß-gestreiften Silos vorbei. Es ist das älteste Aluminiumwerk der Insel, das es seit 1969 gibt. Schon bei meinem ersten Aufenthalt ist der Bau neuer Werke ein Reizthema in Island. Da die Produktion von Aluminium extrem viel Energie verbraucht, die Island im Überfluss hat, reißen sich ausländische Hersteller um Standorte auf der Insel. Und während die einen Einnahmequellen und Arbeitsplätze wittern, fürchten die anderen den Ausverkauf der Natur.

101 Reykjavík

Kurz hinter der Aluminiumfabrik beginnt die Zivilisation. In der Lava tauchen Wohnsiedlungen auf. Der Bus fährt durch die Randgebiete von Reykjavík, die zum Teil eigene Städte sind. Wir fahren durch Hafnarfjörður (Hafenfjord), Garðabær (Wallge-höft) und Kópavogur (Kleine Bucht der Seehundjungen) bis wir Reykjavík erreichen. Eine Schönheit auf den zweiten Blick. Die Ausläufer sind ein eher eigenwilliges Konglomerat aus prakti-schen Betonbauten an breiten Straßen. Dafür ist die Innenstadt von Reykjavík sehr charmant.

Die Wohnung, die ich beziehen soll, liegt mitten im Zentrum, im Bezirk »101 Reykjavík«, nach dem auch ein legendärer islän-discher Film benannt ist. Er handelt von dem 28-jährigen Hly-nur, der noch zu Hause bei seiner Mutter wohnt, nicht arbeitet, am liebsten Pornos guckt, sich durchs Reykjavíker Nachtleben schlägt und irgendwann versehentlich die Geliebte seiner Mut-ter schwängert. So viel als Vorgeschmack auf isländische Filme – und das Nachtleben.

Meine Wohnung liegt im Dachgeschoss eines kleinen, grünen Hauses in der Nähe vom Hafen und wurde erst in der Nacht zuvor fertig renoviert. »Das ist typisch für Island, alles auf den letzten Drücker zu machen«, sagt mein Vermieter, der eigentlich Norweger ist, sich in dieser Hinsicht aber offensichtlich gern angepasst hat. Im Winter vermietet er die Zimmer in dem Haus monatsweise an Studenten, im Sommer für einzelne Nächte an Touristen.

Da meine Mitbewohner ausgeflogen sind, mache ich einen ersten Spaziergang durch die Stadt. Den schönsten Ausblick hat man vom Turm der Hallgrímskirkja aus. Man sieht die Kirche schon, wenn man von Weitem auf die Stadt zufährt, weil sie erhaben auf einem Hügel steht und ihr Turm wie eine Rakete in den Himmel ragt. Sie ist aus Beton und ihre Fassade ein Orgelwerk aus feinen Pfeilern, die an die Basaltsäulen in der isländischen Natur erinnern. Auf dem Platz vor der Kirche thront eine Statue. Es ist der Wikinger Leifur Eiríksson. Islands ganzer Stolz. Denn »der Glückliche«, wie er auch genannt wird, entdeckte Amerika lange bevor Kolumbus das tat, und zwar schon um das Jahr 1000 herum. Was wiederum gut zum Selbstbild der Isländer passt. Geht es um Weltgeschichte, so ist man überzeugt, kommt man an ihrer Insel einfach nicht vorbei. Und so erfährt jeder Besucher früher oder später, dass Island einer der Auslöser für die Französische Revolution gewesen ist.

Ist doch klar: Im Jahr 1783 brach die 25 Kilometer lange Feuerspalte Laki aus, die im Süden des Landes liegt. Und sie hörte nicht auf, zu spucken, bis ein ganzes Jahr vergangen und so viel Lava aus ihrem Inneren hervorgesprudelt war, dass sie fast die Fläche des ungarischen Plattensees einnahm. Es war einer der verheerendsten Vulkanausbrüche in historischer Zeit. Denn eine gewaltige Aschewolke verdunkelte die Atmosphäre, mehr als 120 Millionen Tonnen Schwefeldioxid verpesteten die Luft und vergifteten das Weideland. Es folgte eine Hungerkatastrophe bei der ein Fünftel der isländischen Bevölkerung starb, genauso wie die Hälfte der Rinder, drei Viertel der Pferde und mehr als 80 Prozent der Schafe. Man überlegte damals ernsthaft, alle Isländer von der Insel zu evakuieren. Doch das war noch nicht alles. Ein diesiger Dunst, angefüllt mit giftigen Gasen, waberte auch herüber zum europäischen Festland und verschleierte in den folgenden Sommern den Himmel. Es kam zu heftigen Ernteausfällen, besonders in England und Frankreich. Folglich stiegen die Brotpreise. Die Franzosen gingen auf die Barrikaden. Der Rest ist Geschichte. Sie wissen schon: Sturm auf die Bastille, rollende Köpfe, Freiheit, Gleichheit, Brüderlichkeit.

So ist das übrigens oft in Island. Man hört von den erstaunlichsten Theorien oder es zeigen sich Verbindungen zwischen Island und dem Lauf der Welt, wenn nicht gar des Universums, die auf den ersten Blick hanebüchen erscheinen. Doch dann ist – zumindest auf die eine oder andere Art – immer etwas dran. Darüber nachzusinnen, inwieweit die Welt um Island kreist, ist eine Art nationales Hobby der Isländer. Deshalb verweisen sie auch gern darauf, dass der französische Autor Jules Verne seinen Roman *Reise zum Mittelpunkt der Erde* auf ihrer Insel beginnen lässt. Denn mal ehrlich, wo sonst sollte er liegen, der Zugang zum Zentrum der Welt?

Aber zurück zum Turm der Hallgrímskirkja. Von hier oben blicke ich auf die Landzunge, auf der Reykjavík liegt und auf ein buntes Dächermeer in grasgrün, himmelblau und ochsenblutrot. »Unsere Häuser sind so bunt, weil wir alle Individualisten sind«, hat mir eine Stadtführerin einmal erklärt. Rund um die Landzunge herum erstreckt sich das Meer. Zur Rechten, auf der gegenüberliegenden Uferseite, prangt der Hausberg Esja. Zur Linken, mitten in der Stadt, liegt der Stadtsee Tjörnin. Über 40 Vogelarten sind hier zu Hause.

Ab Mai 2010 werden an diesem See übrigens noch ein paar mehr schräge Vögel hausen. Denn da wird der beliebteste Komiker Islands zum Bürgermeister gewählt und zieht mit seinen Künstlerfreunden ins Rathaus ein, das direkt am Ufer des Sees gelegen ist. Doch davon ahnt man im Jahr 2003 noch nichts. Genauso wenig wie von der schweren Finanzkrise, die 2008 über das Land hereinbricht oder von dem Vulkanausbruch, der Europas Flugverkehr zwei Jahre später lahmlegen wird. Aber so ist Island: Immer für Überraschungen gut.

Das nur nebenbei. Denn vorerst ist das Jahr 2003 und die Stadt Reykjavík erscheint in meinen Augen reizend harmlos. Ein Vorurteil, das sich mit dem ersten Freitagabend zwar ändern soll, auf den ersten Blick aber wirkt die Stadt unschuldig wie ein Islandlamm. Die bunten Häuser mit den weißen Fensterrahmen geben ein typisch skandinavisches Bild ab, nur dass viele von ihnen mit Wellblech verkleidet sind, weil der Regen in Island gern horizontal aufschlägt. Weshalb man hier auch keine Regenschirme benutzt. Durch die Häuserreihen schaue ich hinab auf das Meer. Vom Berg Esja in der Ferne sieht man jede Faser, vom Nordatlantik das dunkle Blau. Nie habe ich eine Hauptstadt gesehen, in der man einen solch erfrischend-klaren Blick auf die Umgebung hat.

Es geht auf die Laugavegur. Die wichtigste Straße der Stadt, die Lebensader, in der alles zusammenfließt. Über ihrem Eingang prangt ein Schild, auf dem »The Main Shopping Street« steht. Was man allerdings auch von allein herausbekommen hätte, denn so viele gibt es davon nicht. Laugavegur bedeutet übrigens »Weg der heißen Quellen«. Früher zogen die Frauen hier entlang, wenn sie ihre Wäsche waschen wollten; heute steht im Tal der heißen Quellen, am Ende der Straße, das größte Schwimmbad der Stadt. In der Haupteinkaufsstraße bummelt man vorbei an lässigen Boutiquen, Souvenir-Shops, Galerien, Buchläden, Restaurants und Cafés.

Mein erster Kontakt zu einem Einheimischen erfolgt etwas unvermittelt. Ein Typ auf der Straße spricht mich an. Er murmelt etwas Unverständliches, in einer Sprache, die fremd und rätselhaft klingt, mal hart, mal weich, mal wie der wispernde Wind. Ich zucke die Schultern und sage: »Sorry, I don't understand.« Darauf er: »Do you have money?«

Ein Bettler also. Ich krame ein paar Münzen hervor, auf deren Rückseiten Dorsche, Delfine, Strandkrabben und Seehasen graviert sind und auf der Vorderseite die vier Schutzgeister Islands: ein Adler, ein Drache, ein Stier und ein Riese. Meine Kollegen beim *Morgunblaðið* werden sich später kaputtlachen. Darüber, dass meine erste Begegnung mit einem Isländer ausgerechnet mit einem Bettler war. Bettler sind selten in Island. Es ist das Jahr 2003, in Island herrscht nahezu Vollbeschäftigung, die meisten Isländer haben nicht nur einen, sondern gleich mehrere Jobs und nicht nur ein, sondern gleich mehrere Autos. Der Lebensstandard auf der Insel ist beeindruckend.

Nie war Recherche so einfach!

Als ich am nächsten Tag in den Bus steige, um zur Redaktion des *Morgunblaðiðs* zu fahren, strömt ein intensiver Geruch durch das Fahrzeug. Es dauert, bis ich den Duftherd lokalisiere. Es ist der Mann vor mir. Er knabbert Trockenfisch. Den liebt man in Island, man bekommt ihn in jedem Supermarkt. Weiße Flocken trockenen Fisches, als Snack zwischendurch. Manche bestreichen ihn mit etwas Butter oder nehmen ihn als Wegzehrung auf Wanderungen mit, weil er so gesund und so eiweißhaltig ist.

Beim *Morgunblaðið*, dessen Redaktion damals noch neben dem Einkaufszentrum Kringlan liegt, empfängt man mich herzlich. Und wenn ich bis dahin noch dachte, Island liege isoliert und abgeschieden von der Welt, werde ich spätestens jetzt eines Besseren belehrt. Manche Kollegen sprechen fließend Deutsch und erzählen von Interviews mit Nina Hagen, andere wollen wissen, was aus dem Kannibalen von Rothenburg geworden ist oder ob man auch schon mal bei den Bayreuther Festspielen war. Fast alle sprechen perfektes Englisch und waren schon weiß Gott wo in der Welt. Die Reiselust scheint den Isländern in den Genen zu liegen, seit die ersten Siedler mit ihren Holzbooten hier ankamen. Zwar gibt es in Island das Sprichwort »Daheim ist es am besten«. Aber eben auch das Gegenstück »Dumm ist, wer zu Hause hocken bleibt«. Und so findet man in diesem Land kaum jemanden, der nicht in der Welt herumgekommen ist.

Die Redaktion sieht ein bisschen so aus, wie man es aus amerikanischen Filmen kennt. Große Räume, die durch Trennwände unterteilt sind. Jeder Redakteur hat eine eigene Box mit blauen Wänden. Ich bekomme eine am Fenster neben Gisli, dem Redakteur, der für das Sonntagsmagazin schreibt. Er trägt einen grünen Parka, Vollbart, hat blaue Augen und fast immer, wenn er etwas erzählt, ein schelmisches Grinsen. Und er liebt es, Geschichten zu erzählen. Welch Glück es ist, ausgerechnet neben ihm zu sitzen, werde ich in den nächsten Wochen erfahren.

Erst einmal bekomme ich einen Kaffee, das isländische Nationalgetränk, das man gern so stark trinkt, dass es einem die Schuhe auszieht. Zum Glück steht neben dem Kaffeeautomaten ein großer Milchspender. Denn nachmittags trinken die Isländer gern ein Gläschen Milch. Dann ist es Zeit, die ersten Fragen zu stellen. »Was macht eigentlich Vigdís Finnbogadóttir?« Von ihr habe ich gelesen. Sie war die erste Frau der Welt, die in einem demokratischen Land zum Staatsoberhaupt gewählt wurde. Von 1980 bis 1996 war sie die Präsidentin. Natürlich frage ich mich, wieso gerade die Isländer so fortschrittlich waren.

»Vigdís?«, sagen die Kollegen. »Die ist nett! Ruf sie doch mal an!« Schon habe ich ihre Handynummer. Vom Redakteur für Popkultur möchte ich wissen, ob der Sänger der Band *Sigur Rós* eigentlich auf Isländisch singt oder in einer Fantasiesprache. Seine Antwort: »Frag ihn doch selbst!« Schon habe ich auch seine Nummer. Ich bin verblüfft. Nie war Recherche so einfach!

Aber das ist natürlich auch kein Wunder. In einem Land, in dem nur gut 300 000 Einwohner leben, kennt jeder jeden oder ist sogar miteinander verwandt. Da bleiben kaum Geheimnisse. Außerdem steht hier sowieso jeder im Telefonbuch und das ist nebenbei nach Vornamen sortiert. Denn man duzt sich. Jeden. Sogar den Präsidenten. Außerdem würde die Sortierung des Telefonbuchs nach Nachnamen das Leben nicht leichter machen, da fast jeder in einer Familie einen anderen hat. Das ist jetzt keine Anspielung auf die große Anzahl an Patchworkfamilien, die es in Island gibt, sondern auf das Namensprinzip. Die Kinder bekommen den Vornamen des Vaters, dazu die Endung -dóttir für Tochter oder -son für Sohn. Ich würde in Island Andrea Eckhardsdóttir heißen, weil ich die Tochter von Eckhard bin. Oder, da es neuerdings auch in Mode ist, die Kinder nach der Mutter zu benennen, Brigittedóttir. Das Namensprinzip war früher überall im nordgermanischen Raum üblich, aber in Island hat es sich gehalten.

Vielleicht, weil es die Leute bis heute interessiert, wer aus welcher Sippe stammt. Eine beliebte Frage, wenn zwei Isländer sich zum ersten Mal treffen, lautet: »Woher kommst du?«, und damit ist nicht nur der Heimatort gemeint, sondern auch, aus welcher Familie. Die Isländer sind ganz versessen auf Stammbäume.

»Gisli?«, frage ich.

»Jau!«, sagt er. Das isländische »ja«, wird zwar »já« geschrieben, aber wie ein fröhliches »jau« ausgesprochen.

»Bist du etwa auch mit Björk verwandt?«

Gisli, in der Nachbarbox, tippt etwas in seinen Computer. Dann sagt er: »Wir haben gemeinsame Verwandte im 14. Jahrhundert.« Es gibt nämlich eine Datenbank namens Íslendingabók (Buch der Isländer), erklärt Gisli, in der die Isländer online nachschauen können, mit wem sie wie verwandt sind. Manche wenige können ihre Stammbäume bis zu den ersten Siedlern zurückverfolgen.

Und noch etwas ist bemerkenswert in Island, die Nachruf-
seiten im *Morgunblaðið*. In Island stirbt nämlich niemand, ohne
hinterher einen Artikel in der Zeitung zu bekommen. Sie werden von den Verwandten und Freunden geschrieben, an die Zeitung geschickt und dann seitenlang abgedruckt. So erfährt man
allerhand Interessantes. »Er war ein guter Isländer – er starb am
Nationaltag«, hat mal einer über einen Verwandten geschrieben.
Ein anderer bemerkte: »Eigentlich hatte er an diesem Tag etwas
anderes vor.« Ich habe mal einen Schriftsteller getroffen, dessen
Nachrede für einen Verwandten aus Versehen immer wieder
nicht abgedruckt wurde, weshalb er das Gefühl bekam, der Verwandte sei noch gar nicht tot. Wobei viele Isländer ohnehin davon überzeugt sind, dass die Seelen der Verstorbenen die Erde
nicht verlassen, sondern noch irgendwie anwesend sind.

Aber zurück zu den Lebenden. Die Leser des *Morgunblaðiðs*
dürfen nicht nur Nachrufe verfassen, sondern auch Leserbriefe
zu allen möglichen eigenen Themen schreiben, sie müssen sich
dabei nicht einmal auf die Artikel in der Zeitung beziehen. Wer
etwas zu erzählen hat, bekommt hier eine Plattform. Warum
auch nicht? Das ist übrigens eine beliebte Frage in Island. Eine
andere Zeitung druckt ja auch jeden Samstag die Namen derer
ab, die in der kommenden Woche einen runden Geburtstag haben.

Ich werfe einen Blick auf meine Themenliste. Da ich kein
Isländisch spreche und mein Stipendium wie ein Austausch
funktioniert – ein isländischer Journalist ist zur gleichen Zeit in
Berlin – werde ich von hier aus vor allem für deutsche Medien
arbeiten. Ich erzähle Gisli, dass ich eine Geschichte über den
Krimiautor Arnaldur Indriðason schreiben möchte, der in
Deutschland damals gerade seinen ersten Krimi veröffentlicht
hat.

»Arnaldur?«, sagt Gisli. »Der ist nett. Er hat mal Filmkritiken für uns geschrieben.« Schon habe ich seine E-Mail-Adresse. Dann allerdings mache ich meinen ersten großen Fehler. Ich erzähle, dass ich außerdem den Auftrag habe, für eine Zeitschrift eine Geschichte über die traditionelle isländische Küche zu schreiben. Das hätte ich besser nicht tun sollen. Denn Gisli geht in seiner Freizeit nicht nur gern jagen und hat zu Hause einen halben, ausgestopften Bären über seinem Kamin hängen, den er mal in Kanada geschossen hat, er liebt auch die traditionelle, isländische Küche. »Wir können ja mal einen Schafskopf essen gehen«, sagt er. Ich sage erst mal nichts. Und gucke aus dem Fenster.

Wo eben noch Sonne war, ist plötzlich Hagel, dann Regen, dann Schnee. »Wenn du das Wetter nicht magst, dann warte fünf Minuten«, sagt Gisli und grinst. Das sagt man so in Island. Weil sich das Wetter von einer Minute auf die andere ändern kann. Und dort, wo sich das Wetter unentwegt ändert, wo außerdem Geysire aus dem Boden schießen und ewig irgendwo Lava kocht, das lerne ich schnell, macht man keine langfristigen Pläne. Sondern lebt. Jetzt. Und intensiv. Das sollte ich bald darauf an meinem ersten Freitagabend in Reykjavíks wildem Nachtleben erfahren.

Erste Ehe

Ich bin am Boden. Aber so was von. Und dort packt mich das blanke Entsetzen. Schutzlos knie ich auf den Holzplanken eines dunklen Gebäudes, in dem es nach Bier, Schnaps, Lamm und einer aufgebrachten Meute Mensch riecht. Vor mir stehen drei bewaffnete Männer. Sie tragen Helme, Schwerter und Äxte und grinsen so höhnisch, dass es mich fröstelt. Wie konnte ich nur in solch eine missliche Lage geraten. Und das bloß, weil ich gesagt hatte, dass mich isländische Traditionen interessieren.

Gisli hatte dem Redaktionsnachwuchs erzählt, dass ich einen Artikel schreiben will über die alte isländische Küche. Woraufhin die Kollegen gleich meinten: Dann gehen wir mit ihr ins Wikinger-Restaurant. Da kann sie fermentierten Haifisch probieren und das gute alte Islandlamm. Gesagt getan. Es war Freitagabend. Und das Leben eben noch schön. Die Haifischhäppchen mit der strengen Ammoniaknote hatte ich mithilfe eines Schnapses gerade noch überlebt. Auch den Wikingerliedern, die meine Kollegen alle auswendig kannten und lauthals schmetterten, sobald Männer mit Gitarren an unseren Holzbänken vorbeizogen, hatte ich noch fröhlich gelauscht. Jetzt aber stecke ich mitten im Schlamassel. Man hatte mich zum Wikingertest angemeldet.

Weshalb ich mit drei anderen Gästen auf dem Boden des Wikingerrestaurants knien muss und darauf warten, die Aufgaben zu bekommen, die uns zu Ehrenwikingern machen. Natürlich habe ich schreckliche Angst. Was wäre es für eine Blamage vor den Kollegen, wenn man mir Fragen stellt, die ich nicht beantworten kann! Was würde man dann mit uns machen? Uns in die Missetäterwüste (die gibt es wirklich!) verbannen, wie man es im Mittelalter mit den Verbrechern tat?

Schwer nervös nutze ich die letzten Momente, die isländische Geschichte im Kopf durchzugehen. Island wurde erst spät besiedelt. Die ersten Menschen, die sich auf der Insel aufhielten, waren vermutlich irische Mönche, die sich in der Abgeschiedenheit der isländischen Landschaft Gott zu nähern versuchten. Allerdings verschwanden sie wieder, als die ersten dauerhaften Siedler kamen. Das war um das Jahr 874 herum.

Davor hatte es bereits drei Expeditionen nach Island gegeben.

Der Erste, der Island betrat, ein Norweger namens Naddoður, landete bloß zufällig auf der Insel. Eigentlich hatte er vorgehabt, auf die Färöer-Inseln zu gelangen, war aber im Sturm vom Kurs abgekommen. Er machte einen kurzen Halt. Doch das Land kam ihm unbewohnt und ungemütlich vor. Er nannte es »Schneeland« und fuhr wieder ab. Der Nächste, ein Schwede namens Garðar, stellte fest, dass Island eine Insel ist. Er umrundete sie, verbrachte einen Winter im Norden und benannte die Insel ganz unbescheiden nach sich selbst: Garðarshólmi. Ein Dritter, der von der Insel hörte und Flóki hieß, wollte sich gleich ganz dort niederlassen und zog mit seiner Familie und dem gesamtem Haushalt los. Den Sommer lang lief auch alles gut. Doch dann vergaß er, rechtzeitig Heu zu machen, und so verhungerten ihm im endlos langen Winter seine Tiere. Frustriert segelte er fort und gab der Insel den Namen »Island«, den sie bis heute trägt.

Manch Isländer allerdings behauptet, der Name sei einer der ersten PR-Tricks der Geschichte. Man nannte die Insel »Island«, damit nicht so viele Leute herkommen würden und man mehr Platz für sich hatte. Genau wie man Grönland »Grünland« nannte, um Leute anzulocken.

Wie dem auch sei. Der erste Siedler, der dauerhaft kam, hieß Ingólfur Arnarson. In seiner Heimat Norwegen hatte er zusammen mit seinem Ziehbruder zwei Nachbarn getötet und sein Land verloren. Und so zogen die beiden mit Familie, keltischen Sklaven und Tieren in den Norden. Der Ziehbruder allerdings wurde kurz nach seiner Landung in Island von den eigenen Sklaven erschlagen. Ingólfur hingegen hielt durch und siedelte 874 dort, wo die Hochsitzpfeiler seines alten Hauses an Land gespült wurden.

Das war damals ein beliebter Brauch der Wikinger. War Land in Sicht, warf man die Pfeiler ins Meer und ließ die Küste später von den Sklaven danach absuchen. An dem Ort, an dem man sie fand, ließ man sich nieder. Denn er war, so meinte man, von den Göttern bestimmt. Die Hochsitzpfeiler Ingólfurs landeten in Reykjavík, was übersetzt so viel wie »Rauchbucht« heißt – wegen der heißen Quellen direkt in der Nähe. Es war ein guter Ort für neue Siedler. Doch es ist ein denkbar schlechter Ort, um auf dem Boden zu knien und auf einen Wikingertest zu warten.

Einer der Männer mit Helm und Kettenhemd vor mir lacht schon wieder so höhnisch. Sofort feile ich an meiner Strategie. Vielleicht sollte ich die Sache doch lieber anders erzählen. Den Nachbarmord des Ingólfur Arnarson lasse ich besser aus und erzähle die Geschichte so, wie Isländer das gern tun, wenn es darum geht, zu sagen, wer ihre Vorfahren sind: Es waren allesamt coole Freigeister, die keine Lust hatten, Steuern zu zahlen.

In der Zeit von 870 bis 930 gab es in der Tat große Auswandererwellen aus Norwegen. Man floh, weil König Harald Schönhaar dabei war, sich das Land unter den Nagel zu reißen und neue Gesetze einzuführen. Die übliche Aussiedlerroute verlief dabei über die Britischen Inseln, denn die Küstenregionen Schottlands und Irlands waren damals von norwegischen Wikingern besiedelt. Daher kommt es, dass man keltische Sklaven mitnahm, darunter viele Iren, und vor allem mehr Frauen als Männer.

Womit kann ich die Wikinger noch bezirzen? Vielleicht damit, dass bereits 930 das Althing gegründet wurde, das »älteste noch aktive Parlament der Welt«, wie die Isländer gern sagen. Denn Althing (isländisch: Alþingi) heißt das Parlament bis heute. Heute allerdings sitzt es in Reykjavík, während es früher am See Þingvallavatn tagte. Einmal im Jahr versammelten sich dort die freien Männer, um Rechtsstreitigkeiten auszufechten, Urteile zu fällen und Gesetze zu beschließen. Gleichzeitig war die Versammlung eine Art Volksfest bei dem Athleten, Kämpfer, Jongleure und Geschichtenerzähler ihre Künste darboten und Poeten ihre Gedichte vortrugen.

Man hat also schon immer gern gefeiert. Und gedichtet. Mehr noch, wer die Kunst des Dichtens und des Redens nicht beherrschte, wurde in Island erst gar nicht ernst genommen. Könnte ich jetzt wenigstens ein Gedicht, ich wäre gerettet. Doch ich muss mir wohl anders behelfen. Von der isländischen Literatur schwärmen, den Sagas aus dem Mittelalter und den Götterliedern aus der *Edda*. Oder, noch besser: Ich werde erzählen, dass selbst in der berühmten Waräger-Garde des byzantinischen Kaisers Isländer zu finden waren.

Doch dann kommt alles anders. »Andrrrea«, höre ich den Wikinger vor mir mit dem gerollten isländischen »Rrrr« raunen. Ich zucke zusammen. Meine Kollegen johlen.

Da füllen sie das Horn eines Schafsbocks randvoll mit Schnaps. »Trinkt!«, herrschen uns die Wikinger an. Und das ist dann auch alles, was wir tun müssen, um Ehrenwikinger zu werden. Nur bei mir hält der eine doch noch mal inne. »Nicht zu viel«, befiehlt er. »Ich möchte, dass du mich gut in Erinnerung behältst.« Und so wirft er mich, nach einem kräftigen Schluck Schnaps, über seine Schulter, stapft mit mir durchs Restaurant und behauptet, wir wären jetzt verheiratet. Ich schätze, so hat man das mit den Keltinnen früher auch gemacht. Doch es wird die kürzeste Ehe meines Lebens. Sobald ich wieder Boden unter den Füßen habe, laufe ich weg und zurück in heimatliche Gefilde, an den Holztisch meiner Sippe. Und die strotzt bereits vor Entdeckergeist. Es geht weiter, hinaus in die isländische Nacht!

Wobei es zuvor ein paar Worte zur isländischen Prohibition bedarf. Ab 1915 galt ein totales Alkoholverbot auf der Insel. Allerdings hielt es nur sieben Jahre. Dann nämlich drohten die Spanier, keinen Stockfisch mehr zu kaufen, falls Island ihnen keinen Wein abnähme. Und so machte man beim Wein eben eine Ausnahme. Daher stammt übrigens auch der Name der Verkaufsstellen des staatlichen Monopolunternehmens, das damals den Verkauf des Weins regulierte und das es bis heute gibt: Vínbúð (Weingeschäft). Zwölf Jahre später, 1934, fiel auch die Prohibition von Hochprozentigem. Allerdings sorgte die Regierung extra für unattraktive Etiketten und klebte sogar ein Totenkopfzeichen auf alle hochprozentigen Flaschen. Deshalb wurde der berühmte isländische Kartoffelschnaps mit Kümmelgeschmack, namens Brennivín, den ich eben noch trank, auch »Schwarzer Tod« genannt – und natürlich trotzdem getrunken

(Übrigens brennt er im Mund wie Feuer und hat man zu viel davon, wird das Blut zur brodelnden Lava. Er schmeckt ein bisschen wie Aquavit). Erst in dem Jahr, in dem bei uns die Mauer fiel, fiel in Island das Bierverbot. Seit 1989 ist Starkbier in Island erlaubt, weshalb die Isländer jedes Jahr am 1. März den »Biertag« feiern.

Das Flattern der Nacht

Und so ziehen wir los. Vom Wikingerrestaurant in Hafnarf-jörður aus geht es direkt auf die Laugavegur. Denn dort, auf jener Straße, die tagsüber so harmlos wirkt, bricht nachts etwas aus. Plötzlich und wie nach einem großen Knall, schwirren Horden quirliger Wesen umher, festivalartige Menschenströme ergießen sich auf die Straße. Was tagsüber noch ein Café war, hat abends die Stühle weggeräumt und ist Bar mit Tanzfläche geworden.

Die isländischen Nachtschwärmer ziehen von einer zur anderen. Als gäbe es keine Zeit zu verlieren. Für nichts. Die Handys ewig gezückt, die nächste Kneipentür schon in der Hand, das nächste Bier schon halb bestellt, tänzeln sie von Ort zu Ort. Lauter kleine Björks und große Rocker. Mit Faible für Underground und für Extreme. Coole Mädchen mit bunten Strumpfhosen unter todschicken Teilchen, an den Füßen dünne Schühchen, selbst wenn Winter ist, neben tätowierten Jungs in lässigen Lederjacken.

Schnell ist man in Gespräche verwickelt über Klaus Kinski oder Christoph Schlingensief (»Ist das nicht eine Art Kunst-Terrorist aus Deutschland?«) oder man wird dem Mitglied »einer der besten Bands Islands« vorgestellt. Davon muss es in Reykjavík Hunderte geben.

Die Atmosphäre platzt fast vor Dringlichkeit. Und niemand bezahlt seine Getränke jemals bar, sondern ausschließlich mit Karte. Ein Mädchen knallt ihren Drink mit voller Wucht auf den Tresen. Der Inhalt schäumt, schießt in die Höhe wie ein Geysir und verschwindet blitzschnell in ihrem Rachen. »Tequila mit Sprite«, erklärt jemand. »Wenn du das auf den Tresen knallst, explodiert es – und du bist innerhalb von Sekunden besoffen.« – »Let's drink till we drop«, ruft ein anderer. Und spätestens jetzt weiß man, das Nachtleben ist ausgebrochen. Energiegetränkt und unbekümmert und durch nichts mehr zu bremsen. Die Bars sind zum Bersten voll. Ein Drängeln, Tänzeln und Torkeln allerorten. Ein Feiern, als gäbe es kein Morgen. Weil morgen doch eh wieder alles anders ist.

Und draußen auf der Laugavegur ist derweil Stau, weil jene, die noch nicht in die Clubs hineinkommen, den ganzen Abend lang im Auto um den Block fahren. Rúntur (Runden drehen) nennt sich das und ist aus Amerika abgekupfert, wo man das Ganze als »cruisen« bezeichnet. Und da sitzen sie dann, die Jugendlichen im T-Shirt mit Eis oder Cola in der Hand bei voll aufgedrehter Autoheizung. Sobald man jemanden auf der Straße entdeckt, den man kennt, wird angehalten. Also dauernd. Doch das stört keinen. Es gehört alles zum Tanz.

Irgendwann muss ich auf die Toilette. Nichtsahnend stehe ich davor und warte, dass endlich die Tür aufgeht. Hinter mir zwei hübsche Isländerinnen, in jenem Zustand der Reykjavíker Nächte, der ein glückseliges Flattern ist. Dann geht die Tür auf und alles ganz schnell. Ich gehe hinein, die beiden Mädchen drängen hinterher. Erst denke ich noch, dass es mehrere Klos gibt. Aber das ist ein Irrtum. Und so finde ich mich in einem kleinen, engen Bad wieder. An die Tür gepresst. Während die eine Isländerin ins Waschbecken kotzt und die andere auf dem Klo sitzt, pinkelt und sich dabei unterhalten will. »Du bist also Schriftstellerin?«, fragt sie. »Ähh, Journalistin«, stottere ich. Dann sehe ich zu, dass ich rauskomme. Bei meinen Kollegen angekommen, sage ich: »Ihr glaubt nicht, was mir eben passiert ist.«

Sie sagen: »Willkommen in Island!«

Kurz darauf demonstriert sich mein Unwissen ein weiteres Mal. Ich will mich verabschieden. Ich sage: »Ich hau ab, ich kann nicht mehr.« Die Kollegen gucken mich mit großen Augen an. »Dann nimm wenigstens einen Schnaps!«, sagen sie. Schon habe ich einen in der Hand und das Flattern geht weiter. Ich sage: »Nein, nein, ich meinte, ich gehe jetzt.« Doch auch das wird nicht akzeptiert. Bis ich irgendwann begreife, dass man sich nicht verabschiedet. Wer nicht mehr kann, schleicht sich davon. Schwirrt glucksend durch die Nacht, schwebt heim, ins Bett und einen komatösen Schlaf.

Ein Monster in der Küche

Als ich am nächsten Tag in der Gemeinschaftsküche meines Wohnhauses erscheine, liegt etwas auf dem Küchentisch. Es hat rote Haare, tiefe Ringe unter den Augen und furchtbar schlechte Laune. Irgendwann hebt es den Kopf. Es ist Eeva, meine Mitbewohnerin aus Finnland, die hier für ein Semester Theaterwissenschaften studiert.

»Was ist los?«, frage ich.

»Ich habe noch nie so viel getrunken wie in Island«, stöhnt sie.

Ich nicke und sage: »Das verstehe ich.« Doch da regt sie sich erst richtig auf. »Tust du nicht!«, ruft sie. »Denn ich bin schließlich aus Finnland, verdammt!«

Da begreife ich es erst wirklich. Die Sache hat mit Nationalstolz zu tun. Als Finnin kann sie es nur schwer ertragen, dass sie von Isländern unter den Tisch gesoffen wurde. Die Vorliebe fürs exzessive Feiern scheinen beide Nationen zu teilen. Und nicht nur das haben Finnen und Isländer gemeinsam. Sie gehören beide zu den Exoten Europas, kommen aus Ländern voller kauziger Charaktere, mit ulkigen Sprachen und endloser Natur.

»Lass uns rausfahren, Eeva«, sage ich, »in die Natur. Das hilft immer.« Und so mieten wir ein Auto und verlassen die Stadt. Mit an Bord ist Julie, unsere Mitbewohnerin aus Frankreich, die Geografie studiert und gerade eine Arbeit über die Wurzeln der isländischen Elfengeschichten schreibt. Gute Idee, denke ich. Selbst in Deutschland hatte es Artikel gegeben über eine isländische Elfenbeauftragte, die angeblich zurate gezogen wird, wenn Straßen gebaut werden. Um sicher zu gehen, dass in den Felsen, die dafür beiseitegeräumt werden müssen, keine Elfen hausen. Zu diesem Zeitpunkt ahne ich nicht, dass die Elfenfrage in Island heikel ist und die Antworten mehr als rätselhaft sind.

Dabei regt der landschaftliche Irrsinn Islands selbstverständlich zum Fantasieren an. Kaum hat man die Stadt verlassen, türmen sich Lavafelder am Wegesrand oder man fährt an Bergen vorbei mit Hängen aus grimmigem Geröll. »Golden Circle« heißt unser Ausflugsprogramm – der Klassiker unter den Tagestouren, den jeder Islandbesucher macht, weil man hier die berühmtesten Sehenswürdigkeiten der Insel sieht.

Zuerst nehmen wir Kurs auf Þingvellir. Jenen geschichtsträchtigen Ort, am nördlichen Ende des Þingvallavatn, dem größten See Islands, an dessen Ufer ab dem Jahr 930 das Althing tagte. Man wählte diesen Platz, weil er zentral gelegen war, es genügend Weideplatz für die Tiere gab, frisches Wasser und außerdem eine gute Akustik. Jeden Sommer schlugen die Bauernfürsten und ihr Gefolge hier ihre Zelte auf. Und weil die Isländer die Feste nun mal feiern, wie sie fallen, war die Gesetzesversammlung auch ein rauschendes Fest, bei dem gesungen und gedichtet wurde und allerlei Hochzeiten eingefädelt. Auf dem Gesetzfelsen, von dem man einst die Beschlüsse der Versammlung verkündete, prangt heute die blau-weiß-rote isländische Flagge. Blau für die See, weiß für das Eis und rot für die Lava.

Aber das ist nicht das Spektakulärste, was man hier sieht. Es sind die gewaltigen Risse, die sich durch die Landschaft ziehen. In Island erblickt man das, was sonst meist nur am Meeresboden passiert, an Land. Urgewalten spalten die Erde. An dieser Stelle, ist es am schönsten zu sehen, wie die Kontinentalplatten Europas und Nordamerikas auseinanderdriften. Die Erde platzt hier förmlich auf und hinterlässt tiefe Gräben, durch die man teilweise laufen kann und die sich andernorts mit Wasser gefüllt haben und zu beliebten Tauchspots geworden sind. Weil das Wasser klar und die Sicht gigantisch ist in den Schluchten zwischen den Kontinenten.

»Anhaaalten«, ruft Eeva. Sie will aussteigen, noch bevor wir den Parkplatz erreichen. Entschlossen stürmt sie davon. Kurz darauf finden wir sie neben zwei mickrigen Tannen wieder. Sie lehnt sich dagegen und atmet tief ein. »Erinnert mich an zu Hause«, sagt sie.

Und in der Tat sind Bäume in Island selten. Dabei war das Land zu Beginn der Besiedelung zu einem Viertel mit Birkenwäldern bedeckt. Kaum 300 Jahre später allerdings hatten die Siedler den Großteil gerodet und als Feuerholz verbrannt. Dem Rest machten die Schafe den Garaus. Heute forstet man Island mühsam wieder auf. Weshalb man gern scherzt: Was tut man, wenn man sich in einem isländischen Wald verlaufen hat? Die Antwort ist: Aufstehen!

Nach der Begegnung mit den Bäumen geht es Eeva schon viel besser. Wir fahren weiter durch Lavafelder und eine Landschaft bezaubernder Unwirklichkeit. Es geht zum Gullfoss (goldener Wasserfall), der sich mit einem mächtigen Rauschen und in zwei breiten Kaskaden eine bis zu 70 Meter tiefe Schlucht hinabstürzt und die Gesichter der Besucher mit Gischt besprüht. Vom Gullfoss ist es nicht weit zum Geysir, dem Namensgeber für alle Springquellen in der Welt. Weißer Dampf wabert über den Boden und es riecht so, wie es auch riecht, wenn man in meiner Wohnung den Wasserhahn aufdreht und das warme Wasser laufen lässt: nach faulem Ei. Also nach Schwefel. Wobei man zugleich sagen muss, dass das kalte Leitungswasser in Island das köstlichste ist, das ich je getrunken habe, und man sich sofort als Tourist outet, sobald man Wasser in Flaschen kauft. Hier beim Geysir köcheln die Schlammpfützen am Boden. Die Götter müssen verrückt gewesen sein, als sie Island erschufen. Wir stehen mitten in einem geothermischen Hochtemperaturgebiet.

Der große Geysir hält heute allerdings meist still. Immer wieder gab es Zeiten, in denen er ausbrach, dann wieder schlummerte er lange Zeit. In den 1970er-Jahren kippte man deshalb regelmäßig Schmierseife hinein, um ihn für die Besucher zum Sprudeln zu kriegen, aber das ist heute verboten. Dafür explodiert sein Kollege nebenan, der Strokkur (Butterfass) im Abstand von wenigen Minuten. Erst sieht man nur ein türkisfarbenes Wasserloch, doch nach einer Weile wölbt es sich dramatisch und wird plötzlich zur Fontäne, die gischtweiß in die Höhe schießt. Ein Spektakel der Natur. Und die Touristen klatschen in die Hände.

Weil wir noch immer nicht genug haben von dieser ulkigen Landschaft, fahren wir nicht direkt zurück nach Reykjavík, sondern machen noch einen Abstecher auf die Halbinsel Reykjanes. Dort liegt der mystische See Kleifarvatn und in unmittelbarer Nähe ein weiteres Hochtemperaturgebiet.

Allerdings hat sich das Wetter gedreht. Als wir die Solfataren von Seltún erreichen, ist überall Nebel und der mischt sich mit dem Schwefeldampf. Vorsichtig tapsen wir über Holzwege. Weiße Schleier überall. Dazu ein Fauchen und Zischen und Brodeln am Boden. Wer hier keine Höllenfantasien spinnt, hat einfach kein Herz. Spätestens jetzt ist es um mich geschehen. Island ist so merkwürdig, dass man es einfach lieben muss. Ich denke an den Vorabend und komme zu dem Schluss: Wo die Erde auslebt, wonach ihr ist, ist es auch kein Wunder, dass die Menschen das tun.

Versenkung total

Am nächsten Tag gehe ich ins Sundlaug (das wird zwar »sünd-leug« ausgesprochen, hat aber mit Sünde nichts zu tun). Es ist das Schwimmbad. Und da muss man hin, wenn man in Island ist. Wer in Island nie im Schwimmbad war, ist nie wirklich dort gewesen und hat nichts begriffen von der isländischen Seele – denn die geht nun einmal gern baden.

Vielleicht hat das damit zu tun, dass Island aus dem Meer geboren ist. Vor ungefähr 20 Millionen Jahren stieg das Land in Folge unterseeischer Beben auf dem Mittelatlantischen Rücken aus den Fluten des Atlantiks hervor. Und das zu einem Zeitpunkt, als der Rest der Welt wie wir sie kennen eigentlich längst fertig war. Aber eben noch nicht ganz. Und so entstand im kalten Nordmeer eine Insel mit vulkanischem Herz und geradezu unerschöpflichen Ressourcen heißen Thermalwassers.

Wasser ist auch der Motor für viele kreative Erfindungen in Island. Mithilfe des heißen Wassers aus der Erde beheizt man 90 Prozent der Häuser, die Schwimmbäder und – weil es die saubere Energie günstig und in Hülle und Fülle gibt – im Winter sogar die Bürgersteige der Hauptstadt, damit sie nicht zufrieren.

Außerdem erzeugt man mithilfe von Geothermie einen Teil des Stroms. Aus dem kalten Wasser des Meeres dagegen fischt man eine der Haupteinnahmequellen des Landes, den Fisch. Und aus den reißenden Gletscherflüssen generiert man den Großteil des Stroms. Das Land, das muss man einmal sagen, ärgert seine Bewohner nicht nur mit wilden Stürmen und regelmäßigen Erdbeben – es weiß sie auch prächtig zu versorgen. Mit Wärme, die aus seinem Innern kommt.

Wie gern Isländer baden gehen, sieht man übrigens daran, dass es in jedem noch so kleinen isländischen Ort ein »Sundlaug« gibt, das fast immer ein Freibad ist. Und am allerliebsten trifft man sich dort im heitur pottur (heißer Pott). Natürlich gibt es in isländischen Schwimmbädern auch Becken, in denen man Bahnen ziehen kann. Wichtiger aber noch sind die heißen Pötte. Wie das Loch aus dem der Geysir schießt, sind diese Becken meist rund und im Boden eingelassen. Oft gibt es gleich mehrere und die sind mit verschieden heißem Wasser gefüllt, das zwischen 37 und 42 Grad warm ist.

Das Rezept für die Handhabe ist denkbar einfach. Man setzt sich hinein, wie in eine öffentliche Badewanne, entspannt die Glieder und löst nebenbei alle großen Probleme und Rätsel der Welt. Und das innerhalb von wenigen Minuten, während der isländische Wind einem um die Ohren pfeift oder es kühl vom Himmel tröpfelt.

Die heißen Pötte sind für die Isländer das, was für die Finnen die Sauna ist, und wenn man so will die urbane Nachahmung der heißen Quellen, die in der Natur vorkommen. Jene natürlichen warmen Bäche, in denen sich die Schäfer seit jeher nach dem Schafsabtrieb entspannten. Schon der berühmte Saga-Autor und Politiker Snorri Sturluson verwandelte diese praktische Erfindung der Natur im 13. Jahrhundert in eine Institution und ließ sich einen heißen Pott in seinen Garten bauen, wo viele Isländer bis heute einen stehen haben.

Und genau deshalb muss jeder Islandbesucher mindestens einmal im Schwimmbad im heißen Pott gelegen haben. Denn hier kann man nicht nur entspannen, die heißen Pötte sind auch Quell der Informationen und Anekdoten und eine der besten Gelegenheiten, um mit Isländern ins Gespräch zu kommen. Man redet einfach drauflos über Gott und die Welt, das Wetter und die Politik. Außerdem geht es stets basisdemokratisch zu. Hier sitzt die Supermarktkassiererin neben dem Firmenchef, der Fischer neben der Uni-Professorin. Und man sieht es nicht, weil alle Badeklamotten tragen.

Es gibt die legendäre Geschichte von einem Amerikaner, der im heißen Pott mit einer Frau ins Gespräch kam. Nach einer Weile fragte er: »Was machen Sie eigentlich beruflich?« Sie sagte: »Ich bin Präsidentin.« Der Mann fragte: »Von einer Firma?« – »Nein«, antwortete die Frau: »Von Island.«

Es war Vigdís Finnbogadóttir, die Dame, deren Handynummer ich bereits habe. Selbst in der Zeit ihrer Präsidentschaft ging sie ins Schwimmbad, so wie alle anderen auch. Warum denn auch nicht?

Für die Isländer ist das nichts Besonderes. Selbst Björk könnte man im Schwimmbad treffen. Überhaupt kann im heißen Pott alles Mögliche passieren. Mir gegenüber sitzt gerade ein Mann, der abtaucht und vergnügt ins Wasser prustet, sodass es im ganzen Becken blubbert, wovon allerdings niemand weiter Notiz nimmt. Im Nachbarpott feiert ein Großvater samt Großfamilie Geburtstag. Und manch einer sitzt zur Abkühlung im Freien und unterhält sich, als sei es das Normalste auf der Welt, nass und halbnackt an der frischen Luft zu sitzen, die höchstens fünf Grad hat.

Doch das Thermalwasser in Island scheint eine Art Wundermittel in Sachen Widerstandskraft zu sein. Denn nach dem Besuch im heißen Pott fühlt man sich wie neugeboren. Es ist, als hätte sich eine Schutzschicht über einen gelegt. Die Kälte der Luft kann einem nichts mehr anhaben. Das Hirn ist zu einer breiigen Masse geworden. Verlangsamt, aber glücklich. Wer nach dem heißen Pott spazieren geht, sieht die Welt in Slow-Motion ablaufen, wird zum Beobachter und fühlt sich mit dem Universum verbunden. Nichts kann einen mehr aus der Ruhe bringen. Fast möchte ich behaupten: nach dem heißen Pott erreicht man jenen friedlichen Zustand, nach dem Meditierende jahrelang streben. Versenkung und Versöhnung total. Die heißen Pötte, kombiniere ich, sind eines der Geheimnisse der ausgeprägten isländischen Gelassenheit.

Im Zweifel für die Elfen

»War ja lustig am Freitag!«, sage ich zu meiner Kollegin Elín, als ich sie am Montagmorgen am Kaffeeautomaten treffe. Doch sie schaut mich an, als käme ich von einem anderen Planeten und der Freitagabend wäre Lichtjahre entfernt. Offensichtlich macht man in Island keine Nachbesprechungen abendlicher Exzesse, sondern lässt gut sein. Den aufgeregten Austausch, der bei uns montags durch die Büroflure wispert, gibt es hier nicht. Vielmehr gilt: Am Abend machen alle mit. Das Feiern ist ein fröhliches Ventil, das man am Wochenende voll aufdreht, aber hinterher nicht weiter bespricht.

In einem Artikel des Schriftstellers Hallgrímur Helgason (der übrigens den Roman *101 Reykjavík* geschrieben hat, nachdem auch der Film benannt ist) finde ich eine Erklärung. Die Isländer haben eine Tradition wilder Wochenenden. Während der Jahre der Abgeschnittenheit nahm man Alkohol, »um Dampf abzulassen und zum Reisen«, schreibt er. »Nach einer Woche schweigend verbrachter Arbeit, in der sie ihre Frustrationen anstauten, begriff man die Samstagnacht als Zeit der Beichte. Als eine Art Zone ›außerhalb der Zeit‹, wo man alles und jedes zu allen und jedem sagen konnte. Es blieb ohne Folgen: Der Montagmorgen brach an und alles war vergessen. Und zu einer Zeit, als man nur die beiden Füße als Transportmittel hatte, war Alkohol eine beliebte Fluglinie.«

Ich finde das natürlich hochsympathisch. Allerdings merke ich bald, dass die Tatsache, dass man nicht über den Abend spricht, trotzdem nicht heißt, dass keiner davon weiß. »Und du bist jetzt also Ehrenwikingerin?«, fragt Gisli aus der Box nebenan. Und kichert mit bebenden Schultern.

Da hilft nur eins, ich kontere mit der Elfenfrage. »Gisli, sag mal, glaubt ihr eigentlich wirklich an Elfen?«, frage ich. Schließlich hatte ich in deutschen Medien mehrfach von jener Elfenbeauftragten gelesen und auch davon, dass das isländische Bauamt extra prüfen lässt, welche Steine oder Felsen weggeräumt werden dürfen, wenn man Straßen bauen will. Es soll nämlich schon vorgekommen sein, dass Bagger, Bohrmaschinen und Bulldozer aus unerklärlichen Gründen kaputtgegangen sind, sobald man sich an den falschen Felsen zu schaffen machte. Außerdem hatte ich vom huldufólk gehört, den sogenannten versteckten Leuten, zu denen einige auch die Elfen zählen. Manche behaupten, es sei eine Art Parallelwelt, die hier überall existiert. Wie ein paralleler Radiosender, in den man sich eintunen kann. Allerdings können die versteckten Leute die Menschen sehen, aber die wenigsten Menschen die versteckten Leute.

Gisli stöhnt. Damit ist die Sache für ihn erledigt. Ausnahmsweise kriege ich nicht viel aus ihm heraus. Er scheint die Frage nicht sonderlich zu mögen. Also wende ich mich an ein paar andere Kollegen. Doch die Antworten sind gegensätzlich, widersprüchlich und rätselhaft.

Einige winken bei der Elfenfrage genervt ab, andere grinsen nur oder sagen: »Das sind Geschichten von früher.« Wieder andere sagen: »Das ist das, was wir den Touristen erzählen, die kaufen alles, was mit Elfen zu tun hat.« Spricht man sie jedoch konkret darauf an, ob sie nun an Elfen glauben oder nicht, sagen die meisten ein und denselben Satz: »Ich habe zwar noch keine gesehen, aber das heißt ja nicht, dass es sie nicht gibt!«

Ich bin verwirrt. Bis ich die Frage nach einer Weile einmal anders formuliere. »Wenn es euch so nervt, warum sagt ihr denn dann, dass ihr an Elfen glaubt?«, frage ich einen Kollegen. Er schmunzelt. Fast so, als hätte ich ihn ertappt. »Nun«, sagt er, »ich denke, weil es im Zweifel einfach die interessantere Antwort ist.«

Da hatten wir es also. Die Isländer sind Geschichtenerzähler. Das sind sie übrigens fast alle, quasi von Natur aus und seitdem ihre Vorfahren auf dieser unwirtlichen Insel im Nordatlantik siedelten. Aus einem einfachen Grund: Man brauchte Geschichten. Um Durchzuhalten und nicht verrückt zu werden in den endlosen, dunklen Wintern in den Torfgehöften auf dieser menschenfeindlichen Insel, auf der die Unwetter, die Kälte und die Vulkanausbrüche Flüche waren gegen die nur zweierlei half: Die Hoffnung auf bessere Tage und gute Geschichten, um sich bis dahin abzulenken.

Die ersten Siedler hatten ihre Höfe weit auseinander gebaut, weil man im isländischen Klima sehr viel Land braucht, um eine Familie zu ernähren. Folglich gab es bis ins 18. Jahrhundert hinein fast keine Dörfer und auch keine Gruppenunterhaltung wie etwa Theater. Deshalb musste jeder auf dem Hof selbst ein guter Unterhalter sein. Und so erzählte man sich abends, im funzeligen Schein der Fischtranlampen, während die Frauen Wolle sponnen oder strickten und die Männer Seile aus Rosshaar fertigten, Geschichten, Mythen, Legenden, Göttersagen, Märchen und Neuigkeiten aus der Umgebung. Oder man trug Gedichte vor. Manchmal gab es richtige Dichtwettbewerbe.

Aus diesen Zeiten bereits rührt die mündliche Erzähltradition Islands, die vermutlich stark von den keltischen Sklaven inspiriert wurde, die man damals mit auf die Insel brachte. Und sie ist bis in die heutigen Tage lebendig geblieben. Die oben beschriebenen Abendwachen hielt man auf dem Land teilweise noch bis zum 19. und 20. Jahrhundert aufrecht, bis das Radio kam. Man las Romane vor, Novellen oder aus den berühmten mittelalterlichen Sagas, die von großen Helden, wilden Konflikten und blutiger Rache handelten, in die die Vorfahren auf der Insel verwickelt waren. Sie sind, wenn man so will, der Gründungsmythos der isländischen Nation – noch dazu auf höchstem literarischem Niveau, weshalb sie auch der bedeutendste Beitrag des Nordens zur Weltliteratur sind. Aber dazu später mehr. Jetzt erst mal so viel: Die Isländer lieben Geschichten und sie hassen es, wenn sie langweilig sind.

In keinem anderen Land gibt es pro Kopf mehr Schriftsteller und werden pro Kopf mehr Bücher publiziert als in Island. 2,5 Millionen Bücher werden jährlich verkauft. Das sind knapp acht pro Einwohner. In Island gibt es sogar ein Sprichwort, das heißt »Besser barfuß als ohne Buch« – und das will etwas heißen in diesem Land. Außerdem ist es auffällig, wie pointiert die meisten Isländer erzählen, wie geschickt sie fabulieren und mit Worten spielen. Wobei man sich beim Erzählen übrigens nicht immer sklavisch an die Wahrheit hält, wenn es der Geschichte dient. Man ist da schlichtweg nicht so streng.

Einmal treffe ich zum Beispiel einen Mann von den Westmänner-Inseln, die an der Südküste liegen. Er erzählte, er sei einmal mit einem kleinen offenen Boot mit Außenbordmotor von dort zu den Färöer-Inseln gefahren, um einen einzigen Tanz mit seiner Angebeteten zu tanzen. (Die Färöer-Inseln sind über 600 Kilometer entfernt.) Aber der Mann erzählte seine Geschichte so überzeugend, dass man fast meinte, sie sei wahr – und wer weiß, vielleicht ist sie das auch.

Ein anderes Mal lese ich in einem Porträt des Autors Gyrðir Elíasson, das mein Kollege Pétur vom *Morgunblaðið* schrieb. Elíasson erzählte über seine Großeltern, die in Ostisland lebten: »In ihrer Generation gab es nicht eine solch strenge Trennung zwischen Wirklichkeit und Fantasie«, sagte der Autor. »Das merkte man immer dann, wenn meine Großeltern Geistergeschichten und andere Volksmärchen erzählten. Man betrachtete sie nicht als Geschichten auf Papier, sie waren ein Stück Realität.«

Auch der Schriftsteller Jón Kalman Stefánsson erzählt von seinen Quellen der Inspiration, zu der ein Bauer gehörte, der für sein Leben gern Seemannsgarn spann: »Er ist ein guter Freund von mir, zeitlebens ein Meister der Übertreibung. Als Jugendlicher lauschte ich seinen Erzählungen über Feste und Märchen und glaubte ihm jedes Wort, weil er so überzeugend erzählte. Erst später wurde mir klar, dass die Hälfte des Erzählten Erfindung war, der Rest Schabernack. Aber das Bezaubernde an seinen Geschichten war, dass sie vollkommen real erschienen, während er sie erzählte – er schuf eine neue Welt neben der unseren. Und das ist genau das, was die Dichtung tun soll: eine Welt neben der Welt erschaffen.«

Morden im Norden

Am nächsten Tag treffe ich Arnaldur Indriðason, den Krimi-autor, der damals gerade seinen ersten Krimi *Nordermoor* in Deutschland herausgebracht hat (heute sind es längst 13 und er ist der erfolgreichste Krimiautor der Insel, der Henning Mankell Islands sozusagen). Mit seinem dunkelblauen Jeep holt er mich ab. Dazu muss man sagen, dass viele Leute in Island Geländewa-gen fahren. Man ist geradezu autovernarrt. Oft rollen riesen-hafte, gepimpte Karossen durch die kleinen Straßen der Haupt-stadt. Schließlich fährt man am Wochenende gern in die Natur. Mit dem Wagen versteht sich. Wieso manche Touristen so ver-rückt sind, mit dem Fahrrad über die Insel zu fahren, können die Isländer einfach nicht verstehen. Ich habe mal einen Isländer ge-troffen, der mit dem Fahrrad die Küste entlanggeradelt ist, wor-aufhin man an der Tankstelle sofort Englisch mit ihm sprach. Man konnte sich einfach nicht vorstellen, dass ein Isländer eine Fahrradtour um die Insel machen würde.

Regen peitscht gegen die Windschutzscheibe, während Ar-naldur seinen Jeep durch die Straßen von Reykjavík lenkt. Der Autor ist groß, ein ruhiger Typ, im dunklen Parka, mit klaren, blauen Augen, heller Haut und etwas, das ich schon von Gisli kenne: diesem verschmitzten Gesichtsausdruck, wenn er etwas erzählt.

»Du kannst hier keine James-Bond-Geschichte schreiben, in der der Präsident entführt wird«, sagt Arnaldur gleich zu Beginn. »Die Isländer sind in solchen Dingen nämlich sehr skeptisch«, erklärt er. Der Präsident zum Beispiel hat in Island nicht einmal Bodyguards. Außerdem kann die Insel kaum mit spektakulären Gewaltverbrechen aufwarten. Es gibt gerade mal zwei oder drei Morde im Jahr. Und im Jahr 2003 keinen einzigen. »Du kannst auch keinen Polizisten mit Pistole vorkommen lassen«, sagt Arnaldur. »Weil die Polizisten in Island gar keine Pistolen tragen.« Nur Gummiknüppel und Pfeffersprays. Deshalb müsse er immer gut aufpassen, überzeugend zu sein, so der Autor, der einer der ersten Krimiautoren Islands ist – ein Genre an das man hier anfangs keineswegs glaubte. Die Leute würden sein Buch sofort wegschmeißen und nie wieder eins kaufen, wenn es unglaubwürdig wäre, sagt Arnaldur. Aber das sei nicht schlimm, sagt er, »das diszipliniert«.

Und so nimmt er für seine Krimis Zutaten, die es in Island wirklich gibt. Bei seinem ersten Krimi *Nordermoor* sind das ein raues, ständig wechselndes Wetter, einen Stadtteil, in dem die Häuser absinken, weil er auf einem Moor gebaut ist, ein Genforschungszentrum und ein kauziger Kriminalkommissar mit einer drogenabhängigen Tochter – weil auch das Teil der isländischen Realität ist. Dazu kommt ein Mord, der, wie der Kommissar Erlendur sagt »typisch isländisch« ist, nämlich »schäbig, sinnlos und schlampig ausgeführt«.

Ein alter Mann wird tot und in einer Blutlache liegend in seiner Wohnung in Nordermoor aufgefunden. Jemand hat ihn mit einem Aschenbecher erschlagen. Arnaldur hält mit seinem Jeep

vor ein paar Häusern in dem Stadtteil an. Sie sind grau und zwei-
stöckig und von Betonmauern umrahmt, die teilweise ganz
schief sind, weil der Boden hier so weich ist. Die Häuser wurden
gleich nach dem Zweiten Weltkrieg gebaut und gehörten zum
neuen Nationalgefühl. Island hat seine vollständige Unabhängigkeit – nach jahrhundertelanger Fremdherrschaft durch die
Dänen – nämlich erst 1944 zurückerlangt.

Viele Straßen in diesem Stadtteil tragen außerdem die Namen
berühmter Helden der isländischen Sagas aus dem Mittelalter,
erzählt Arnaldur. Und tatsächlich sind da die Gunnarsbraut, die
Njálsgata und viele mehr. Gunnar und Njál sind die Hauptperso-
nen der beliebten *Njáls*-Saga. Der Islandbesucher merkt übrigens bald, dass das ganze Land nur so von Literatur durchdrungen ist. Hier in diesem Stadtteil haben die Stadtplaner sogar
extra daran getüftelt, die Namen der Helden so auf die Straßen
zu verteilen, dass sie den Verlauf mancher Geschichte widerspie-
geln. Wobei auffällig ist, dass Hallgerður, die Femme fatale aus
der *Njáls*-Saga keine Straße abbekommen hat, obwohl sie eine
bedeutsame Rolle spielt. Sie ist einfach zu unbeliebt unter den
Isländern.

Nicht weit vom Stadtteil Nordermoor, in der Nähe von Reykjavíks Stadtflughafen, liegt ein modernes Gebäude. Es ist das tatsächlich existierende Genforschungsinstitut DeCode Genetics,
das ebenfalls sein Pendant im Krimi von Arnaldur hat. Denn
Kommissar Erlendur findet nicht nur heraus, dass seine Haupt-
figur eine Vergangenheit als Vergewaltiger hat, er stößt außerdem auf eine weitere Leiche, auf lang gehütete Lebenslügen und
ein großes Genforschungszentrum, das mit den Stammbäumen
und den Krankendaten der Bevölkerung arbeitet. Und genau das
war damals, als Arnaldur den Krimi schrieb, eine Debatte in Island. Denn die private Firma DeCode Genetics bekam im Jahr

2000 von der Regierung das Recht zugesprochen, eine Datenbank mit medizinischen Informationen über die Bevölkerung aufzubauen.

Arnaldur hat sich als Autor Gedanken über diese große Datenbank mit den sensiblen Informationen gemacht und das brachte ihn auf eine Idee. »Ich sah diesen Mann vor meinen Augen«, erzählt er, »der vor dem Computerbildschirm sitzt und herausfindet, dass etwas in der Familie war, was dort nicht sein sollte, und langsam begreift, dass er nicht der Mann ist, der er zu sein glaubte.« Schon hatte er den perfekten Stoff für einen Krimi.

Arnaldur lenkt seinen Jeep aus der Stadt. Wir fahren Richtung Sandgerði, das an der Spitze der Halbinsel Reykjanes liegt, nicht weit vom Flughafen Keflavík. Dort, auf dem einsamen Friedhof neben einer kleinen Kirche, wird in seinem Buch die Leiche eines kleinen Mädchens exhumiert, weil Kommissar Erlendur einen schlimmen Verdacht hat. »Und Erlendur, wie ist der?«, frage ich. Der Himmel über der Straße ist dunkel, die Straßenbeleuchtung eingeschaltet, obwohl es mitten am Tag ist, und der Regen, prasselt so heftig gegen die Windschutzscheibe, dass die Scheibenwischer unaufhörlich winken.

»Ich habe ihn so isländisch wie möglich gemacht«, sagt Arnaldur über seinen Helden. Und der ist, wie viele Kriminalkommissare, geschieden, alleinstehend und melancholisch. »Erlendur würde zum Beispiel niemals einen Burger bei McDonald's essen«, erzählt Arnaldur. Lieber isst er die traditionelle, isländische Küche (die Schafsköpfe verfolgen mich!). »Und wenn jemand schlechtes Isländisch spricht, korrigiert er ihn«, fährt Arnaldur fort. »Denn wir sind sehr stolz auf unsere Sprache. Es gibt niemanden außer uns, der sie sprechen und bewahren kann.«

Das stimmt. Es ist eine eigene Sprache für 300 000 Menschen plus ein paar wenige, die sie gelernt haben. Manche nennen Isländisch das »Latein des Nordens«, denn die Sprache kommt aus dem Altnordischen und hat sich im Laufe der Jahrhunderte nur wenig verändert. Oft hört man die Isländer stolz erwähnen, dass sie die mittelalterlichen Sagas bis heute problemlos lesen können. Außerdem ist ihre Sprache sehr bildhaft und poetisch, weil sie ursprünglich eine Sprache der Seemänner und Bauern war. Ortsnamen sind vielfach direkte Beschreibungen der Landschaft. So heißt beispielsweise der berühmte Vulkan Eyjafjallajökull übersetzt »Inselberggletscher« (und Vulkane sind im Isländischen weiblich!). Auch die Vornamen der Isländer kommen vielfach aus der Natur. Unterhält man sich mit Örn, Logi und Björk, tut man das mit Adler, Flamme und Birke.

Die Isländer haben sogar extra ein Komitee, das sich für jede moderne Errungenschaft ein neues Wort ausdenkt. Telefon heißt etwa »sími«, was so viel wie »Draht« oder »Faden« bedeutet. Mobiltelefon heißt folglich »mobiler Draht«. Wer von gervitungl (Satelliten) spricht, spricht vom »künstlichen Mond« und tölva (Computer) ist die »Wahrsagerin der Zahlen«. Denn das Wort ist zusammengesetzt aus tala (Zahl) und völva (Wahrsagerin).

»Wenn wir unsere Sprache verlieren, verlieren wir einen großen Teil unserer Identität«, sagt Arnaldur. »Natürlich darf sie sich verändern, aber sie soll nicht zu einem Slang verkommen.« Er lächelt. Hier sei er sehr wie sein Kommissar. Erlendur bedeutet übrigens »Fremder« – weil er aus einem kleinen Ort in den Ostfjorden kommt, hinreißend altmodisch ist und sich im modernen Reykjavík oft wie ein Fremder fühlt.

Gerade als wir an der amerikanischen Militärbasis kurz vorm Flughafen Keflavík vorbeifahren, sagt der Autor: »Erlendur wäre froh, wenn die weg wären.« Der Regen hat gestoppt, kurz scheint die Sonne. Es ist eines der vielen charmanten Paradoxe, die es in Island gibt. Das Land ist seit 1949 in der NATO – ohne seither je eigene Streitkräfte besessen zu haben. Gegen den Beitritt protestierten viele Isländer damals heftig – man wollte kein Stützpunkt großer Militärmächte sein. Bereits im Zweiten Weltkrieg waren britische Truppen in Island gelandet. Um den Deutschen zuvorzukommen, denn Island hatte schließlich eine strategisch interessante Lage im Nordatlantik. Ein Jahr später übernahmen die Amerikaner die Verteidigung Islands. Zwar verließen sie 1947 das Land wieder, doch sie kamen 1951 bereits zurück. Da Island keine Truppen beisteuern konnte, hatte man im Zusammenhang mit dem NATO-Beitritt 1949 vereinbart, dass hier in Kriegszeiten ausländische Truppen stationiert werden könnten. Und als 1950 der Koreakrieg ausbrach, nutzten die USA die Gelegenheit, US-Truppen in Island zu positionieren. Schließlich befand man sich im Kalten Krieg. Die Isländer verbannten die Truppen daraufhin nach Reykjanes und erlegten ihnen anfangs strenge Auflagen auf. Bis auf mittwochs etwa durften sie nicht in die Stadt – und das war genau der Tag, an dem kein Alkohol ausgeschenkt wurde. Aber auch wenn ein großer Teil der Isländer gegen die Stationierung ausländischer Truppen war, so bedeuteten sie doch immer auch Handel, Arbeitsplätze und einen zum Teil beachtlichen Aufschwung der Wirtschaft.

»Ich bin gegen alles Militärische«, sagt Arnaldur. »Vielleicht leben wir in einer Welt, in der man das einmal abschaffen kann. Vielleicht bleibt es für immer. Man dachte, es wäre vorbei nach dem Kalten Krieg, aber jetzt haben wir den Irakkrieg.« Im Jahr 2003 unterstützte die isländische Regierung nämlich überraschend die Amerikaner im Irakkrieg. Seit 2006 aber ist der Wunsch von Arnaldurs Kriminalkommissar wahr geworden: Die US-Truppen sind abgezogen und haben das Land verlassen.

»Jetzt haben wir einen Schneesturm«, sagt Arnaldur. Ein eisiger Wind peitscht über den kleinen Friedhof in Sandgerði und über die Gestelle in der Ferne, an denen Stockfisch zum Trocknen hängt. »Erlendur würde dieses Wetter gefallen«, sagt der Autor. Er grinst. »Nein, eigentlich wäre es ihm noch zu hell.« Erlendur liebt den Herbst und den Winter, wenn es dunkel und windig ist und das Tageslicht kaum durchkommt, erzählt er. Außerdem interessiert er sich für Menschen, die spurlos in der unberechenbaren Natur verschwinden.

Wie Erlendur aussieht? »Er ist um die 50 Jahre alt«, sagt Arnaldur. »Manchmal trägt er einen Hut und eine Wollweste, an der Knöpfe fehlen. Manchmal ist er tagelang unrasiert. Und die Leute sprechen über die Traurigkeit in seinen Augen.« Arnaldur zuckt mit den Schultern. »Ich finde es nicht interessant über jemanden zu schreiben, der vier schöne Kinder hat, ein tolles Haus, ein gutes Auto und ein gutes Leben in Reykjavík«, sagt er. »In Tragödien und Verlust ist viel mehr Stoff.«

Und das finden offensichtlich auch seine Leser. »Niemand hier will wissen, wer im nächsten Buch umgebracht wird«, sagt Arnaldur und guckt erstaunlich zufrieden für einen Krimiautor. Er lacht. »Die Leute möchten wissen, wie es Erlendur geht!« Manchmal wird er sogar auf der Straße angesprochen und gefragt, ob die Tochter des Kriminalkommissars bald eine Entziehungskur macht. Oder ob Erlendur endlich eine neue Frau findet.

Rúntur – die Passeggiata des Nordens

»Komm wir machen Rúntur«, sagt meine Kollegin Hulda (ausgesprochen: »Húlda«) vom *Morgunblaðið* am nächsten Tag nach der Arbeit zu mir, als wir gemeinsam das Redaktionsgebäude verlassen. Und da erst begreife ich, dass Rúntur, das Rundendrehen mit dem Auto über die Haupteinkaufsstraße, nicht nur eine Sache der Jugendlichen am Wochenende ist. Nein, Rúntur machen alle. Deshalb ist auf der Laugavegur auch immer Verkehr, obwohl es keinen zwingenden Grund gibt, diese Straße zu benutzen. Rúntur ist für den Isländer das, was die abendliche Passeggiata für den Italiener ist. Eine Art Ritual, durch das man die Verbindung aufnimmt zur Außenwelt, der soziale Kitt, bei dem man erfährt, was bei den anderen und in der Stadt los ist.

»Guck mal«, sagt Hulda, »siehst du den älteren Herren dort?« Ein Mann mit Hut überquert vor uns die Straße. »Das war der Kapitän des wichtigsten Schiffes bei den Kabeljaukriegen«, erzählt sie. Denn Island hatte tatsächlich mal eigene Kriege, drei an der Zahl, und wie der Name schon verrät, ging es um den Fisch, eine der Haupteinnahmequellen des Landes – und da hört bekanntlich der Spaß auf. Zugleich sind die isländischen Kriege eine geradezu märchenhaft-hübsche Geschichte, denn sie handeln vom Kampf Davids gegen Goliath und verliefen vollkommen unblutig.

Alles begann 1952, als die gerade erst unabhängig gewordenen Isländer das Hoheitsgebiet ihrer Fischereigründe eigenmächtig von drei auf vier Seemeilen ausweiteten. Die wichtigste Rohstoffquelle des Landes hatte durch starke Überfischung heftig gelitten. Die Isländer wollten ihre Fanggründe vor fremden Trawlern schützen und waren froh, dass ein altes Abkommen, das die Dänen 1901 mit den Briten geschlossen hatten, endlich ausgelaufen war. Darin hatten die Dänen den Briten zugesichert, das die Fischereizone vor Islands Küsten 50 Jahre nicht mehr als drei Meilen betragen sollte.

Während die anderen Länder die neue Grenze akzeptierten, war Großbritannien empört und boykottierte fortan den Kauf von isländischem Fisch, in der Hoffnung, die kleine Nation damit wirtschaftlich ins Mark zu treffen. Doch die Rechnung ging nicht auf, denn Island hatte Glück und die Sowjetunion sprang als Großkunde ein. Allerdings war das Glück nicht von Dauer. Bald darauf gingen die Kabeljaubestände im Meer erneut dramatisch zurück. Und so dehnte Island sein Hoheitsgebiet 1958 ein weiteres Mal aus, dieses Mal von vier auf zwölf Meilen.

Während alle anderen Länder dies abermals akzeptierten, wollte Großbritannien sich das jedoch nicht bieten lassen und so schickten die Briten Kriegsschiffe der Royal Navy gen Norden. Die britischen Fischer fischten weiterhin innerhalb der Zwölf-Meilen-Zone, wurden jetzt aber von der britischen Marine beschützt. Die Szenen, die sich von nun an in den Gewässern um Island herum abspielten, bekamen bald den Namen Kabeljaukrieg. Und der ging so weit, dass ein Schiff der britischen Royal

Navy die Mannschaft eines isländischen Küstenwachschiffes für kurze Zeit gefangen nahm, um wiederum die Verhaftung britischer Fischer zu verhindern. Zweieinhalb Jahre dauerte der Konflikt an, bis die Briten einer Übergangsregulierung zustimmten. Ruhe kehrte ein auf der schon von Natur aus rauen nordischen See.

Vorerst. Denn dann, es war das Jahr 1972, weiteten die Isländer ihre Fischereizone ein weiteres Mal aus. Und dieses Mal war der Sprung noch größer, da die Isländer nun 50 Seemeilen beanspruchten. Und da protestierte nicht nur England, sondern auch Deutschland. Denn die Isländer hatten ohne Zustimmung des Internationalen Gerichtshofes gehandelt, weshalb die Deutschen und die Briten die neue Fischereizone ignorierten und dort weiter fischten. Der zweite Kabeljaukrieg begann. Dieses Mal allerdings griffen die Isländer zu den Waffen und kappten mit selbst entwickelten Schneidewerkzeugen die Netze der feindlichen Fischer. Die Briten schickten daraufhin wieder ihre Kriegsschiffe los, die die Schiffe der isländischen Küstenwache mitunter rammten. Wobei aber kein Mensch zu Schaden kam. Ein Jahr lang bestritt man so den zweiten Kabeljaukrieg. Bis Island 1973 drohte, seinen Botschafter aus England abzuziehen – und die Briten schließlich klein beigaben.

Wieder war Ruhe im Norden, wenn auch nur für kurze Zeit. Es war das Jahr 1975 und Island dehnte seine Fischereizone nun auf 200 Meilen aus, was zu dieser Zeit bereits viele Küstennationen befürworteten. Trotzdem ging alles von vorne los. Während die Isländer sich mit anderen Staaten einigen konnten, schickten die Briten wieder ihre Kriegsschiffe los und die Isländer kappten wieder beharrlich Netze und machten zugleich politisch Druck. Dieses Mal zogen sie einen ganz besonderen Joker: Sie drohten nicht nur mit dem Abbruch diplomatischer Beziehungen, sondern gleich mit dem NATO-Austritt. Damit hatten sie einen wunden Punkt getroffen. Denn plötzlich war der so überaus günstig gelegene Militärstützpunkt in Keflavík in Gefahr. England saß in der Zwickmühle. Erst recht, als die Europäische Gemeinschaft die Fischereigrenzen 1977 ebenfalls auf 200 Meilen ausdehnte. Die unbeugsamen Isländer hatten gegen das mächtige Großbritannien gewonnen.

Es gibt übrigens eine legendäre Geschichte vom Kabeljaukrieg. Sie handelt vom britischen Außenminister, der während der Kabeljaukriege zur Literatur griff, um herauszufinden, wie die Isländer ticken. Er bat seine Berater, ihm einen in Island beliebten Roman zu besorgen. Daraufhin legte man ihm den Roman *Sein eigener Herr* des 1955 mit dem Literaturnobelpreis gekrönten Halldór Laxness ans Herz. *Sein eigener Herr* erzählt die Geschichte des Bauern Bjartur, der von nichts sehnlicher träumt, als davon, endlich auf eigenen Beinen zu stehen. Weshalb er sich, sobald er genügend Geld beisammen hat, einen kleinen Hof in der Einöde kauft, den niemand sonst haben will. Bjartur nennt ihn Sumarhús (Sommerhäuser). Es ist sein ganzer Stolz und Bjartur ein tragischer und bornierter Held, der seinen hoffnungslosen Kampf um seine Unabhängigkeit selbst dann noch verbohrt vorantreibt, als seine Familienangehörigen beginnen, daran zu sterben. Als der britische Außenminister damals fertig gelesen hatte, sagte er angeblich: »Diesen Krieg werden wir niemals gewinnen.«

Wer Rúntur auf der Laugavegur macht, hat übrigens ein Problem. Da die Laugavegur eine Einbahnstraße ist, muss man, sobald man an ihrem Ende ankommt, rechts in die Laekjargata abbiegen und einen großen Bogen fahren, um eine neue Runde starten zu können. Die meisten fahren dabei am Meer entlang, an der Sæbraut (Seestraße), an der auch das Wikingerschiff steht, das in jedem Reiseführer zu sehen ist und das jeder Islandbesucher fotografiert. Es ist eine moderne Skulptur aus Edelstahl. Sólfar heißt sie und bedeutet »der Sonnenreisende«. Von dem Platz, an dem die Skulptur steht, hat man nicht nur einen tollen Blick auf die Bucht von Reykjavík und den Berg Esja, es ist außerdem wunderschön, wenn das Sonnenlicht sich am Edelstahl bricht und das Schiff zum Funkeln bringt.

Das Match des Jahrhunderts

Als wir auf das Tal der heißen Quellen zufahren, vor dem man wieder rechts abbiegt, um zurück zur Laugavegur zu kommen, erzählt mir Hulda von einem Drama, das sich hier in der Sportarena zugetragen hat. Einer Begegnung des Kalten Krieges, auf die die ganze Welt schaute. Das »Match des Jahrhunderts«. Es war der legendäre Schachwettkampf zwischen Robert James Fischer und Boris Spasski. USA gegen die Sowjetunion. Ausgetragen auf einer Insel, die quasi zwischen beiden liegt.

Hier im Laugardalur in Reykjavík entthronte Bobby Fischer im Sommer 1972 den damaligen Schachweltmeister Boris Spasski. Amerika, das ein Baseball- aber weiß Gott kein Schachland war, schlug die Sowjetunion – das Land, in dem Schachspieler Nationalhelden waren und wie Staatsdiener bezahlt wurden. Und das auf einer Insel, auf der Schach schon seit Ewigkeiten populär war. Das Brettspiel wird schon in den mittelalterlichen Sagas erwähnt und auch in den isländischen Märchen. Und nun glänzte Island damit im Rampenlicht der Welt.

Aber bis es zu dem Match kam, dauerte es. Denn Fischer ließ auf sich warten. Er weigerte sich zunächst sogar, überhaupt anzureisen. Aus der Ferne verlangte er selbstbewusst nach mehr Geld. Womöglich hatte er aber auch einfach bloß Angst. Denn schon damals plagten Fischer Verschwörungstheorien. Er fürchtete sich etwa vorm Fliegen, weil er meinte, die Sowjets könnten sein Flugzeug in die Luft sprengen. Er hatte sich vor dem Match sogar sämtliche Zahnfüllungen herausnehmen lassen, damit ihm niemand eine elektronische Kapsel implantieren und seine Hirnwellen lesen konnte. Denn so war Fischer. Ein Genie, jedoch nah am Wahn gebaut. Wenn er Schach spielte, war er in seinem Element, sagte mal einer, der ihm nahestand. Wenn nicht, war er wie ein Fisch außerhalb des Wassers.

Boris Spasski, das russische Supertalent, befand sich damals längst in Reykjavík. Doch Fischer kam nicht. Er riskierte, alles zu verlieren. Und die Isländer fieberten mit. Sie riefen irgendwann sogar im Weißen Haus an und darauf Henry Kissinger bei Fischer. Kissinger sagte ihm, dass er fahren müsse und die Russen besiegen, und da gab Fischer sich endlich einen Ruck. Mit einer Woche Verspätung, landete er in Island. Gerade noch rechtzeitig und nur fünf Stunden bevor seine Frist ausgelaufen wäre. Die isländischen Veranstalter waren erleichtert. Doch dann lief wieder nicht alles glatt. Nach dem zweiten verlorenen Match weigerte Fischer sich, vor Kameras zu spielen. Deshalb wechselten die beiden Schachgrößen für ein Spiel in einen kleinen Nebenraum. Und dieses Spiel gewann Fischer. Danach ging es wieder zurück auf die Hauptbühne im großen Saal. Mit jedem Spiel wurde Fischer stärker und die Russen nervöser. Jetzt witterten sie böse Machenschaften und forderten, dass der Stuhl von Fischer auf geheime Strahlenwaffen abgesucht werden müsse. Das wurde getan. Aber da war nichts.

Bobby Fischer gewann. Offiziell war er der strahlende Held. Doch Gudmundur Þórarinsson, der Präsident des Isländischen

Schachverbands, erzählte später in einem feinfühligen Interview, er habe das Gefühl gehabt, beide Spieler seien hinterher psychisch beschädigt gewesen. Der Isländer sollte recht behalten. Kurz nach dem legendären Match tauchte Bobby Fischer ab. Er verlor seinen Weltmeistertitel wegen Nichtantritt und ward 20 Jahre lang nicht gesehen. Bis er Spasski ein zweites Mal herausforderte und wieder gewann. Wer hätte geahnt, dass Bobby Fischer je nach Reykjavík zurückkehren, isländischer Staatsbürger werden und hier sterben würde?

Björks Vater hat Grippe

Hulda und ich drehen noch eine Runde auf der Laugavegur. Ich frage nach Björk. Denn ich muss zugeben, der berühmten Sängerin würde ich zu gern einmal begegnen. »Björk?«, sagt Hulda und guckt kurz betroffen. »Die habe ich vor ein paar Tagen gesehen. Ich muss unbedingt nachfragen, wie es ihrem Vater geht. Der hatte doch gerade die Grippe!« Denn so ist das in Island. Björk mag ein internationaler Superstar sein. In Island ist sie ein ganz normaler Mensch – und die Tochter des Mannes, der gerade Grippe hat. Jedes Mal, wenn ich hier jemanden von ihr erzählen höre, klingt es, als sei Björk Teil der eigenen Familie. Etwa so: »Die hat gerade viel zu tun, sie geht ja bald auf Tournee.« Oder: »Sie ist jetzt oft in New York, weil sie doch einen amerikanischen Freund hat.« Oder: »Die habe ich gestern getroffen. Sie saß im Café und stillte gerade ihr Baby. Sie ist ja kürzlich wieder Mutter geworden.« Auch meine Mitbewohnerin Eeva hatte Björk schon gesehen, abends, tanzend in einem Club namens Sirkus. Nur ich nicht. Leider.

Die Isländer hingegen machen um ihre Stars keinen Wirbel. Sie erkennen deren Leistungen an, das auf jeden Fall. Aber niemand flippt aus, wenn er jemand Berühmten auf der Straße sieht. In einer kleinen Gesellschaft, die traditionell klassenlos war, betrachtet man die Dinge viel eher gelassen. Man weiß alles voneinander. Wer wessen Eltern oder Exfreunde sind, wer wie in der Schule war oder wer einst von welcher Klassenreise nach Hause geschickt wurde.

Außerdem ist in Island jeder berühmt. Nach einer Weile im Land wird jedem auffallen, dass die Isländer die charmante Angewohnheit haben, einander gegenseitig von der besten Seite darzustellen. Und das tut man am liebsten, indem man erzählt, wer für was berühmt ist – was alles Mögliche sein kann. So begegnet man vielleicht jemandem, der einmal Mitglied in der Band mit dem längsten Song in Island war (45 Minuten!) oder dem Inhaber des Cafés mit der ältesten Espressomaschine des Landes. Oder man lernt die Frau kennen, die dafür berühmt ist, eine der größten privaten Steinsammlungen der Welt zu besitzen. Falls jemand über kein oder zumindest kein gesichertes Alleinstellungsmerkmal verfügt, kommt eben der Zusatz »eine der« oder »vermutlich« davor – und schon stimmt es. Und so wird jeder Islandbesucher auf seiner Reise Menschen begegnen, die »zu den berühmtesten« Künstlern, Bauern, Filmemachern, Schriftstellern, Rocksängern, Politikern, Köchen oder Seemännern Islands gehören. Man ist auf hinreißende Art stolz auf das, was man hat, und auch auf das, was man für sich entdeckt und kurzerhand »eingebürgert« hat. Als ich einmal in einem Restaurant saß, in dem man mir ein Menü mit nur isländischen Zutaten servieren wollte und ich im Spaß fragte, ob auch der Wein aus Island sei (es war ein deutscher Weißburgunder), antwortete die Kellnerin: »Oh, wir mögen ihn so, wir nennen ihn isländisch!«

Diese reizende Art der humorvollen Wertschätzung zieht mir immer wieder die Schuhe aus. Es ist, als wäre jeder und jede Idee jederzeit willkommen. Der Schriftsteller Sjón sagte einmal: »Wir sind so wenige hier, deshalb wird jedes Talent gebraucht.« Und eine Fremdenführerin erklärte es mir so: »Wir sind so wenige, dass jeder von uns entweder ein König oder eine Königin ist.«

Als Hulda und ich zwischendurch einmal einen anderen Weg fahren und dabei am Genforschungszentrum vorbeikommen, sagt sie: »Weißt du, man kann über die Datenbank sagen, was man will. Aber der Chef sieht einfach gottverdammt noch mal sehr gut aus.« Sie würde das wissen, schließlich trainiere er im selben Fitnesscenter wie sie und manchmal neben ihr. So ist Island. Selbst wenn es Debatten gibt, nie vergisst man hier, die Sache aus verschiedensten Blickwinkeln zu betrachten und vor allem nicht, sie auch menschlich zu sehen. Die Datenbank mit den Krankheitsdaten aller wurde im Übrigen nie erstellt.

Als Hulda und ich das zweite Mal die Sæbraut entlangfahren, zeigt sie mir ein elegantes weißes Holzhaus, das auffällt zwischen den modernen Bürogebäuden, die sonst die Straße am Meer umsäumen. »Das ist Höfði«, sagt Hulda. Es ist das Reykjavíker Gästehaus und ebenfalls ein berühmter Schauplatz des Kalten Krieges. Denn hier fand vom 10. bis 12. Oktober 1986 das legendäre Gipfeltreffen zwischen Ronald Reagan und Michail Gorbatschow statt. Zwei Tage lang schlossen die Staatsmänner sich in diesem Haus ein, während die Reporter vor der Tür gebannt warteten und alle Welt auf Island schaute. Schließlich ging es um einen Ausweg aus dem Rüstungswahnsinn der beiden Großmächte. Reagan, der alte kalte Krieger, und Gorbatschow, der damals relativ neue sowjetische Reformer, hatten sich zuvor bereits in Genf angenähert. In Reykjavík verhandelten sie dann überraschend über die vollständige Beseitigung der atomaren Mittelstreckenraketen beider Länder. Für einen kurzen Moment sah es sogar so aus, als würde es zu einer Einigung kommen. Doch dann scheiterten die Staatsmänner, weil Reagan nicht auf Tests für das Raketenabwehrsystem und die Weltraumverteidigung verzichten wollte. Gorbatschow hatte von den Amerikanern verlangt, dass sie sich auf theoretische Forschung beschränkten.

Es herrschte Enttäuschung, als die beiden vor die Tür des weißen Holzhauses Höfði traten. Doch die war im Nachhinein verfrüht. Denn das Treffen in Reykjavík läutete doch auf eine Art das Ende des Kalten Krieges ein. Gorbatschow gab in Bezug auf die Weltraumverteidigung nach und so wurde ein Jahr später endlich der von der ganzen Welt ersehnte Vertrag über die Vernichtung der atomaren Mittelstreckenraketen besiegelt.

»Was Gorbatschow und Reagan damals allerdings nicht wussten«, sagt Hulda und sie kichert, »ist, dass es in diesem Haus spukt.« Der Geist wohnt schon sehr lange dort und ist vermutlich eine Frau.

Isländische Delikatessen

»Gehen wir bald Schafsköpfe essen?«, fragt Gisli am nächsten Tag in der Redaktion. »Bald«, sage ich. »Bald, Gisli. Erst muss ich recherchieren.«

Es war tatsächlich Zeit, sich die isländische Küche einmal genauer anzusehen. Eine Sache hatte ich bis dahin schon herausgefunden: Die heimliche Nationalspeise ist nicht etwa Fisch, wie man vermuten könnte. Ganz im Gegenteil. Fragt man junge Isländer, was man in ihrem Land unbedingt probieren muss, sagen sie: »Hotdogs. Unsere sind die besten auf der Welt.«

Die beliebteste Hotdog-Bude findet sich in der Nähe des Hafens an der Tryggvagata, Ecke Pósthússtraeti. Was man allein daran erkennt, dass man dort immer in der Schlange steht, egal zu welcher Uhrzeit man ankommt. Und der kleine rot-weiße Hotdog-Stand ist oft bis spät in die Nacht geöffnet. »Bæjarins beztu pylsur« heißt der Laden. Was übersetzt genau das oben Angekündigte bedeutet: Die besten Hotdogs der Stadt. Schon seit 1937 steht hier eine Hotdog-Bude und es waren schon viele Prominente hier. Darunter James Hetfield, der Sänger von *Metallica*, und der ehemalige US-Präsident Bill Clinton. Bill Clinton kam samt Bodyguards gerade aus dem modernen Kunstmuseum im Hafnarhús, das in einer ehemaligen Lagerhalle am Hafen untergebracht ist, als die Verkäuferin in der Bude ihnen im Vorbeigehen zuraunte: »Probier doch mal einen Hotdog. Hier gibt es die besten der Stadt.« Und das tat Bill Clinton tatsächlich, weshalb seitdem ein Foto von der Verkäuferin und dem ehemaligen US-Präsidenten sowie eine Clinton-Karikatur in der Bude hängen. Außerdem kann man seitdem sogar einen »Clinton« bestellen. Auf den klassischen isländischen Hotdog kommen in der Originalversion frische sowie geröstete Zwiebeln, Ketchup, Senf und Remoulade. Die Zauberformel beim Bestellen lautet »Ein með öllu« – einer mit allem. Das ist allerdings nicht das, was Bill Clinton hatte. Denn der Politiker hatte noch wichtige Gespräche und war, so die allgemeine Theorie, besorgt um Atem und Figur, weshalb er seinen Hotdog ausschließlich mit Senf bestellte.

Es ist übrigens nicht so, dass die Isländer bloß behaupten, dass sie die besten Hotdogs der Welt haben. Sie schmecken tatsächlich fantastisch. Außerdem gibt es einen tieferen Grund für den Stolz auf das isländische Schnellgericht: Die Würstchen (nein, sie sind nicht knallrot wie in Dänemark!) sind nicht nur aus Schweinefleisch, sondern aus einer Mischung aus Schweine-, Rind- und Lammfleisch, was sie besonders geschmackvoll macht.

Und damit sind wir auch schon bei einem weiteren Punkt in Sachen Nationalstolz angelangt: Dem Islandlamm. Die Isländer sind verrückt nach Lammfleisch und behaupten, ihres sei das Beste der Welt. Und zwar, weil die Schafe den ganzen Sommer frei und an der frischen Luft auf den Bergwiesen grasen, was ihr Fleisch besonders würzig macht. Und das Islandlamm ist wirklich besonders gut. Deshalb grillen die Isländer auch so gern und fast jeder hat zu Hause einen Grill auf dem Balkon stehen. Weshalb man nach heftigen Stürmen gern sagt, es habe Blech geregnet.

Natürlich essen die Isländer auch gern Fisch und natürlich ist der, wie es sich für eine Fischnation gehört, von bester Qualität. Kabeljau, Schellfisch, Heilbutt, Seeteufel, Katzenwels, Rotbarsch und Co. werden in den schicken Restaurants der Hauptstadt auf jede erdenkliche Weise zubereitet. Mitten in Reykjavík findet sich sogar ein Fluss, in dem man Lachs fangen kann.

Ähnlich wie unser Labskaus, sieht eines der klassischen Gerichte aus der isländischen Küche übrigens zwar nicht gut aus, ist aber richtig lecker. Es heißt Plokkfiskur und ist gekochter Kabeljau, der in einer Mehlschwitze zusammen mit Kartoffeln und Zwiebeln zu einem Brei gestampft wird. Dazu gibt es Rugbrauð, das süße, dunkle Roggenbrot mit Butter. Eine andere typische Speise, etwa für die Brotzeit, ist Hangikjöt mit Flatbrauð. Das ist geräuchertes Lammfleisch, welches mit einer Art salzigem Crêpe serviert wird.

Zum Frühstück, Nachtisch oder zwischendurch gibt es eine weitere isländische Spezialität, an der niemand vorbeikommt. Es ist »Iceland's secret to healthy living«, wie die Werbeplakate flüstern. Die Rede ist von skyr, einem quarkähnlichen Milchprodukt, das aus entrahmter Milch hergestellt und in verschiedenen Geschmacksrichtungen angeboten wird. Auf den skyr ist man in Island so stolz, dass er sogar bei den isländischen Weihnachtsmännern vorkommt. Davon gibt es in Island gleich 13. Es sind die Kinder eines Trollweibes und allesamt kleine, koboldhafte Schurken, die am 12. Dezember ihre Verstecke in den Bergen verlassen und zu den Menschen reisen, um dort Schabernack zu treiben. Einer von ihnen heißt Skyrgámur (Quark-Gierschlund), weil er heimlich den ganzen Skyr auffrisst.

Eine Frage liegt bei der Beschäftigung mit der isländischen Küche natürlich nahe: Woher kommen die Zutaten, die nicht Fisch und nicht Lamm sind? Zwar bauen die Isländer selbst beispielsweise Kartoffeln, Kohl und Rhabarber an, ansonsten aber muss das Land Gemüse und Obst in großem Maße importieren. Wobei es auch geothermisch beheizte Gewächshäuser gibt, in denen man gewisse Mengen an Gurken, Tomaten, Paprika und Pilze zieht.

Allen zeigen, dass alles möglich ist

Es gab sogar mal einen Mann, der berühmt wurde, weil er eines Tages damit begann, Bananen und Kaffeepflanzen in einem Gewächshaus zu züchten. Man kann sie bis heute bewundern. Und zwar in Hveragerði, rund 44 Kilometer südlich von Reykjavík. Es ist der Ort mit den meisten Gewächshäusern in Island, weil er von heißen Quellen durchzogen ist. Bragi Einarsson, besagter Bananenzüchter, war das schwarze Schaf in seiner Familie. Er kam ursprünglich aus den Westfjorden, wo alle Männer der Familie Fischer waren. Doch Bragi wollte kein Tiertöter werden. Er träumte davon, Blumen zu züchten – und das ausgerechnet in Island. Weil er sich aber nicht davon abbringen ließ, ging er auf die isländische Gartenbaumschule in Hveragerði.

Später zog er sogar eine Zeit lang nach Amerika, um sich auf dem Spezialgebiet »Azaleen« fortzubilden. Und dort, an den Highways entdeckte er etwas, das er sich auch in Island wünschte. In Amerika gab es lauter Cafés, vor denen man zwischen ausladenden Pflanzen und bunten Blumen sitzen konnte und Kaffee trinken. Doch weil das in Island mit dem Draußensitzen nicht so einfach ist, schmiedete Bragi einen genialen Plan. Er kaufte nach seiner Rückkehr ein Stück Land in Hveragerði, ließ ein großes Gewächshaus bauen und eröffnete einfach darin ein Café. Er nannte es »Garten Eden«, ließ dort Blumen sprießen und auch Bananenpflanzen – und die Touristen kamen in Scharen, bis heute. Bananen- und Kaffeepflanzen züchtete Bragi übrigens vor allem aus einem Grund. Er wollte zeigen, dass es möglich ist.

Ein weiteres beliebtes Hobby der Isländer ist, allen zu zeigen, dass in Island wirklich alles möglich ist. So spielt man zum Beispiel auch hier sehr gern Golf. Selbst in oder neben Lavafeldern oder bei stürmischem Wetter. Denn das Motto »Es gibt kein schlechtes Wetter, es gibt nur schlechte Kleidung« gilt auch in Island. Wer Golf spielt, zieht sich eben warm an.

An anderer Stelle beheizt man, weil der Nordatlantik zum Baden zu kalt ist, einfach das Meer. In Reykjavík gibt es eine kleine Bucht, sie heißt Nauthólsvík. Und dort ist das Meerwasser, das sonst höchstens 11 Grad warm ist, mollige 18 bis 20 Grad warm. Denn man leitet das heiße Thermalwasser, das man im Winter dazu nutzt, die Bürgersteige zu beheizen, im Sommer einfach in diese Bucht. Die federführende Landschaftsarchitektin sagte mal zu mir: »Manche halten es für verrückt, das Meer zu beheizen, aber wir nehmen doch nur das Thermalwasser, was sowieso übrig ist, und machen etwas daraus!« Dazu hat man hellen Sand aufgeschüttet, einen Kiosk und einen extra Hot-Pot gebaut. Sobald das Wetter gut ist, wimmelt es hier nur so vor Strandhungrigen und das *Morgunblaðið* schießt hier seine »Gut-Wetter-Bilder« von Leuten, die Softeis essen – denn in Island liebt man Eis und isst es bei jedem Wetter.

Womit wir zurück beim Essen sind. Natürlich ernähren die Isländer sich modern. Pasta, Pizza und Hamburger gibt es genauso auf der Insel wie die Fusion-Küche und eine beachtliche

Spitzengastronomie. Die traditionelle isländische Küche jedoch erzählt vor allem von den kalten Wintermonaten, aber auch von der Armut, die Island jahrhundertelang plagte, lange bevor das Land mit einem der höchsten Lebensstandards der Welt gesegnet war. Es waren Zeiten, in denen man am ganzen Leib spürte, was Hunger bedeutete, und man selbstverständlich alles an den Tieren, die man schlachtete, weiterverarbeitete. Nahrhaftes wegzuwerfen kam überhaupt nicht infrage. Und in Zeiten ohne Kühlschränke musste man Lebensmittel auf andere Art haltbar machen.

Da es auf der Insel nur wenig Salz gab, konservierte man sie vor allem, indem man sie trocknete, räucherte, fermentieren ließ oder in saure Molke einlegte. Und genau daher kommen auch die vielen Spezialitäten des Þorrablót – eines traditionellen Festessens zu Ehren des Wettergotts Thors. Jedes Jahr im vierten Wintermonat, dem Þorri, zwischen Ende Januar und Mitte Februar, bereitet man dem Wettergott einen großen Opferschmaus, um ihn milde zu stimmen. Noch heute werden diese Gerichte in manchen Restaurants oder auf Privatparties feierlich zubereitet und manch Isländer oder Islandfan feiert das Þorrablót sogar im Ausland, obwohl es gewöhnungsbedürftig ist.

Auf den Tisch kommen beispielsweise súrsaðir hrútspungar (in saure Molke eingelegte Hammelhoden), aber auch hangikjöt (geräuchertes Lammfleisch) oder harðfiskur (der beliebte Trockenfisch). Dazu gibt es ein großes Aufgebot an Blut- und Leberwurst und natürlich svið (Schafskopf). Außerdem isst man zum Þorrablót auch hákarl (fermentierter Haifisch), eine Delikatesse, die in Häppchen serviert wird und zu der man ordentlich viel Brennivín trinkt.

Ich habe diese Delikatesse bereits im Wikingerrestaurant probiert, aber mich interessiert, wie sie hergestellt wird. »Dann weiß ich, über wen du mal schreiben kannst«, sagt Gisli. Das sagt er immer, wenn er einen Tipp für mich hat, denn Gisli kennt das Land wie seine Westentasche. »Über Hildibrandur«, sagt er, »den bekanntesten Hákarl-Hersteller der Insel.«

Hai in Häppchen

Ich möchte mehr über fermentierten Hai erfahren. Trotz einem üblen Schnupfen frage ich einen Kollegen, ob er mich in den Norden begleitet. »Klar können wir zusammen zu Hildibrandur fahren«, sagt Dagur. »Aber nur, wenn wir auf dem Rückweg einen Freund von mir im Gefängnis besuchen.« – »Mit großem Vergnügen«, sage ich. Wobei ich Letzteres erst für einen isländischen Scherz halte. Ein Irrtum.

Wir machen uns auf den Weg zur Halbinsel Snæfellsnes, die nordwestlich von Reykjavík liegt und der Ort ist, den Jules Verne in seinem Roman *Reise zum Mittelpunkt der Erde* beschreibt. Axel, der Neffe des verrückten Professors Lidenbrock aus Hamburg, der es gar nicht erwarten kann, endlich die Expedition zum Erdinneren anzutreten, sagt beim ersten Blick auf die Landkarte: Die Halbinsel sehe aus »wie ein Knochen mit einer Gelenkkapsel am Ende«. Und genau an jenem Ende prangt der 1446 Meter hohe Snæfellsjökull (Schneeberggletscher), ein Stratovulkan, der sich laut dem Schriftsteller Halldór Laxness »zu gewissen Zeiten des Tages in besonderer Helligkeit verklärt«, woraufhin »alles nichtig wird vor ihm«. In den Krater dieses

Vulkans steigen die beiden Wissenschaftler hinab, um den Mittelpunkt der Erde zu finden. Was natürlich streng genommen allein deshalb nicht geht, weil ein Gletscher auf dem Krater ruht. Aber wir wollen mal nicht so sein. Abgesehen vom Zugang zum Zentrum der Welt, gibt es auf Snæfellsnes auch überirdisch noch so manch Interessantes zu entdecken. Damit meine ich nicht nur die atemberaubend schöne Natur – manche nennen die Halbinsel eine Mini-Version von Island, weil es hier die unterschiedlichsten Landschaften zu sehen gibt, darunter Vulkane, Gletscher, Steilküsten, Lavafelder und Fischerdörfer. Ich denke dabei auch an den Hof von Hildibrandur, dem berühmtesten Hersteller von fermentiertem Haifisch, und an eines der berühmtesten Gefängnisse Islands.

Doch zunächst zum Haifischmann. Hildibrandur Bjarnason lebt an der nördlichen Küste von Snæfellsnes, zwischen Grundarfjörður und Stykkishólmur. Sein Hof, der Bjarnarhöfn, liegt einsam im Schatten eines grimmigen Berges, über den dicke Nebelschwaden kriechen und aus dem ein kleiner Wasserfall entspringt. Als wir auf das Hofgelände kommen, ist ein Traktor mit Gabelstaplerarmen gerade dabei, einen sieben Meter langen Grönlandhai zur Schlachtbank im Freien zu hieven. Hildibrandur und sein Sohn haben sie aus Plastikwannen und einer Holzplatte gebaut. 800 Kilo schwer dürfte der Hai jetzt sein, nachdem sie ihm bereits den Kopf abgetrennt haben. Hildibrandur wetzt sein Messer. Als Erstes schneidet er dem Grönlandhai die Flossen ab. Er verkauft sie nach Japan, weil die dort eine Suppe daraus machen, »die gute Männer aus ihnen machen soll«. Hildibrandur grinst. Man hält Haifischflossen dort für potenzsteigernd. Ein einziger Teller in einem feinen Restaurant soll zwischen 120 und 180 Euro kosten. Hildibrandur passt das gut, ihn interessieren die Flossen nicht. Ihm geht es um das Fleisch.

Flink zerteilen er und sein Sohn unter der unberechenbaren Himmelsdecke Islands den ersten Hai. Sie tragen orangefarbene Ölklamotten. Hildibrandurs Augen sind knallblau, seine Wangen leuchten tiefrot, beinahe violett, so sehr sind sie geädert vom Wetter. Sein Alter verrät Hildibrandur nicht, aber er geht auf die 70 zu und führt eine Tradition fort, die es in Island schon seit 400 Jahren gibt. Bereits im 17. Jahrhundert begann man hier damit, das Haifischfleisch zu essen. Denn die Lebensbedingungen zu jener Zeit waren hart und man hatte Hunger und außerdem herausgefunden, wie man diesen Hai essbar macht. Denn bevor der Grönlandhai genießbar ist, muss man ihn bearbeiten. Sonst ist er giftig. Der Grund sind die fehlenden Nieren, weshalb sich der Harnstoff und andere Stoffwechselgifte in seinem Fleisch befinden. Deshalb unterzieht man es einer aufwendigen Prozedur.

Hildibrandur und sein Sohn schneiden jetzt dicke Fleischlappen aus dem Hai, der mit der Schwanzflosse nach oben vom Traktor herabhängt. Mit einem Flatschen landen sie in großen Plastikwannen. Das Fleisch ist hellrosa, fast weiß. Die graue Haut, die im Wasser so elegant aussieht, fühlt sich an wie grobes Schmirgelpapier. Behutsam manövriert Hildibrandurs Sohn das, was vom Hai übrig ist, nun auf den Tisch. Immer wieder wetzen die Männer ihre Messer und schneiden dann weiter. Sie schuften stumm, aber mit voller Kraft. Farmhund Týra streift ihnen dabei um die Beine. Hildibrandurs Wangen glühen jetzt noch mehr. Auf seiner Öljacke steht »Ocean« und irgendwie merkt man, dass er hier hingehört. Hier auf dem einsamen Bjarnarhöfn im Schatten eines Berges, von wo aus man einen wunderbaren Blick auf unzählige kleine Felsinseln hat, die aus dem grauen Meer herausragen, und auch auf die winzige Kirche, die zu Hildibrandurs Hof gehört. Sie steht schon seit 1856 hier. Und bereits seit dem Jahr 1000, seitdem die Isländer auf dem Althing kollektiv das Christentum angenommen haben, hat an dieser Stelle immer eine Kirche gestanden, erzählt Hildibrandur.

Die Grönlandhaie, die Hildibrandur verarbeitet, sind übrigens Beifang, denn manchmal verheddern sie sich in den Netzen der Fischer und die bringen sie dann zu Hildibrandur.

Und immer, wenn Leute aus aller Welt »einen verrückten Typen sehen wollen, der Haifisch zubereitet, kommen sie mich besuchen«, sagt er. Er ist stolz auf seine Arbeit. Schon sein Vater und Großvater haben Hákarl hergestellt. Deshalb hat er auf dem Bjarnarhöfn auch ein kleines Museum eingerichtet. Hier kann man das Holzboot des Großvaters sehen und lauter alte Gerätschaften wie Netze, Seile und Harpunen. Auch ein paar Haigebisse hat Hildibrandur aufbewahrt. Sie vibrieren, wenn das Tier zubeißt, erklärt er. Irgendwo steht auch ein Glas mit Hai-Augen herum, die in einer Lake schwimmen und so groß wie Hühnereier sind. Auch Hai-Hoden hat Hildibrandur zur Ansicht konserviert. Sogar ein Stück Eisbärenfell stellt er aus. Sie haben es im Magen eines Hais gefunden.

Nachdem Hildibrandur und sein Sohn den Hai zerteilt haben, stapeln sie die Fleischlappen, die fast so dick sind wie ein Laib Brot und mindestens 20, 30 Zentimeter lang, in Holzkisten und lagern diese anschließend sechs bis acht Wochen in einer Halle. Nie war ich so froh über einen Schnupfen wie jetzt. Denn in der Lagerhalle rottet das Haifischfleisch vor sich hin. Eine grüngräuliche Soße rinnt aus den Kisten und bildet am Boden kleine Pfützen. Tropfspuren haben sich ins Holz der Kisten gefressen. Ein bestialischer Gestank wabert durch den Raum. Während des Fermentationsprozesses wird der Ammoniak freigesetzt, der sich im Fleisch befindet.

Früher hat man den Hai übrigens wochenlang am Strand eingegraben und mit Torf oder Steinen bedeckt. Und um zu prüfen, wie weit der Gärungsprozess fortgeschritten ist, hat man ein Messer hineingesteckt, wie beim Kuchenbacken. Hildibrandur zieht heute die Holzkisten in der Lagerhalle vor, dann kann er auch zwischendurch mal nach seinen Zöglingen sehen. Sind sie fertig gegoren, werden sie gewaschen und aufgehängt.

Vier bis sechs Monate baumeln sie dann unter der Decke einer weißen Holzhütte, die direkt vor dem Berghang steht und keine richtigen Wände hat, sondern nur mit ein paar Holzlatten gegen den Regen verkleidet ist. Vor allem hat die Hütte keinen Boden, damit das Haifischfleisch dort trocknen und auslüften kann, bevor es in den Kühlregalen von Feinkostläden landet. Von dort findet es seinen Weg in die Mägen von Hákarl-Fans, die die Delikatesse würfelzuckergroß geschnitten genießen und mit beißend starkem Brennivín nachspülen.

Seelenruhig steht Hildibrandur unter den Haifischstücken, die von den Dachbalken der Holzhütte herabhängen. Nach mehreren Monaten an der Luft sehen sie aus wie geräucherter Schinken: ledrig und dunkel. Ihr Geruch erinnert mich an Hoppel, den Hasen, der mir und meinem älteren Bruder gehörte als wir Kinder waren. So ähnlich roch es, wenn einer von uns dringend den Käfig sauber machen musste. Ammoniak umnebelt uns. Hildibrandur stört das nicht. Er nimmt ein Stück Hákarl und schneidet es auf. Innen ist es weiß. Er schneidet ein kleines Häppchen heraus und probiert ohne die Miene zu verziehen. »Sehr gut«, ist sein Urteil. »Smakkaðu« (Probier mal), sagt er, lächelt und hält mir ein Stück hin. Doch das sagt sich so einfach. Meine Nasenflügel beben. Innerhalb von Sekunden muss ich mich entscheiden, welches Risiko ich mehr scheue: mich zu übergeben oder als Feigling dazustehen.

Natürlich entscheide ich mich für die Heldentat. Das Kunststück sei, den Hákarl an der Nase vorbeizubekommen, sagt man in Island. Ich höre also auf zu atmen und probiere. Ein wenig glitschig ist es, von der Konsistenz her ein bisschen wie Speck. Der beißende Geruch kriecht erbarmungslos in die Nase. Trotz Schnupfen. Es prickelt auf der Zunge. Hákarl schmeckt wie der übelste Stinkekäse, den man sich vorstellen kann. Hildibrandur lacht sich kaputt über mein verzerrtes Gesicht. »Alles o.k.?«, fragt er dann. Wäre da nicht dieser Nachgeschmack, ginge es mir sicher blendend. Denn wer Hákarl isst, bekommt keine Krankheiten, heißt es. Weil Haie starke Immunsysteme haben und angeblich niemals Krebs. »Wer Magenprobleme hat, soll Hákarl essen«, sagt Hildibrandur. Auch gegen Bluthochdruck helfe es. Einfach gegen alles.

Gerade will ich stolz sein. Doch dann gibt man mir noch etwas anderes zum Probieren. Niemand sagt mir, was es ist. Nur, dass man vorher ein paar Stückchen Trockenfisch essen soll und dann ein Stück von einem weißen Etwas. Ich denke: Jetzt kann mich nichts mehr schocken. Aber ich irre. Das weiße Stückchen, in das ich beiße, schmeckt, als hätte ich direkt aus dem Wasserbassin eines Walrosses im Zoo getrunken oder etwas gegessen, das monatelang in einem Affenkäfig lag. Hildibrandur hatte mich ehrlicherweise gewarnt. Ich laufe rot an und zische meinem Kollegen Dagur zu: »Die Cola, Dagur, im Auto ist 'ne Cola!«

Ich muss wirklich erbärmlich aussehen. Nie habe ich meinen Kollegen, der sonst ein äußerst gelassenes Gemüt hat, so schnell laufen sehen. Er bringt mir die Cola. Erst nach ein paar Schlucken kann ich wieder atmen. Und da erzählt man mir auch, was es war: in saure Molke eingelegtes Robbenfett. Die Inuit in Grönland würden so etwas öfter essen, erzählt man mir. Weil das Fett, das auch die Robben schützt, gegen die Kälte abhärtet. Na super. Und als ich höre, dass es eine weitere Spezialität – nämlich den verrotteten Rochen – nur zur Weihnachtszeit gibt, danke ich dem lieben Gott. Kenner sagen: »Da weinst du, wenn du den isst.« Das glaube ich sofort.

Bevor ich den Hof Bjarnarhöfn verlasse, zeigt Hildibrandur mir noch seine Kirche. Allerdings nicht, ohne sich vorher umzuziehen. Mit Arbeitsklamotten geht er hier nicht hinein. Es ist ein andächtiger Moment. Acht bis zwölf Leute passen vielleicht auf die winzigen türkisfarbenen Bänke, die aussehen, als wären sie für Elfen gezimmert. Behutsam öffnet Hildibrandur die Holzklappen, die das Gemälde über dem Altar schützen. Es ist sein größter Schatz und stammt aus dem 17. Jahrhundert, sagt er. Das Bild ist dunkel und zeigt Jesus mit zwei Jüngern im Schein eines Lichts beim Brechen des Brotes. Und egal, von welcher Kirchenecke aus man es betrachtet, immer scheint es, als schaue Jesus einem direkt in die Augen. Hildibrandur, der große Haifischmann, sieht plötzlich aus wie ein stolzer Junge. Vermutlich stamme das Gemälde aus der Rembrandtschule, erzählt er. Denn vor der Küste seien einst Holländer in Seenot geraten. In ihrer größten Not hatten sie von Weitem an der Küste eine kleine Kirche erblickt. Überleben wir, schworen sie, spenden wir ihr ein Gemälde. So kam es her und würde – Rembrandt oder nicht – anderswo wohl kaum so innig geliebt.

Hildibrandur sagt, ich solle mich auf die Bank in der ersten Reihe setzen, dort sei ein besonders kraftvoller Platz. Dann hält er mit ein wenig Abstand die Hände über meinen Kopf und ich spüre, wie es plötzlich ganz warm wird. »Er gibt dir Energie«, sagt mein Kollege Dagur, als sei es das Selbstverständlichste auf der Welt.

Kurz darauf müssen wir weiter. »Was macht dein Schnupfen?«, fragt Hildibrandur beiläufig beim Abschied. Ich stutze und frage mich für einen Moment, ob ich je einen hatte.

Bitte Schuhe ausziehen

Kaum haben wir das Hofgelände verlassen, greift Dagur zu seinem Handy und wählt eine Nummer. »Wir kommen gleich vorbei, bist du denn auch da?«, fragt er. Und spätestens da bin ich mir sicher, dass es nur ein Scherz ist. Wir fahren natürlich nicht ins Gefängnis. Sonst würde man kaum anrufen und fragen, ob der Betreffende da sei. Es sei denn, Dagurs Humor ist schwärzer, als ich dachte.

»Los geht's«, sagt er. »Wir fahren ins Gefängnis.«

»Klar«, sage ich. Und glaube kein Wort. Doch ich sollte mich irren.

Die Fahrt dauert nicht lang. Wir fahren an dem Ort Grundarfjörður vorbei und bald darauf durch die Einsamkeit einer kleinen Landzunge. Nebel umhüllt einen dunklen Berg. Das Gebäude, auf das wir zufahren, ist das einzige weit und breit. Ein weißer Flachbau mit grünem Dach. Von Weitem sieht er aus wie eine Jugendherberge. Wir parken. Dagur geht auf das Gebäude zu. Mir schwant irgendwie schon, dass er mich doch nicht auf den Arm genommen hat. Doch dann stutze ich, als er die Klinke herunterdrückt. Die Tür ist unverschlossen.

Wir betreten einen Vorraum mit Schuhregalen. An der Wand steht ein Schild: »Bitte Schuhe ausziehen.« So macht man das immer in Island. Das sollte man wissen. Besucht man jemanden, zieht man im Flur als Erstes die Schuhe aus. Alles andere wäre unhöflich. Und warum sollte das im Gefängnis anders sein?

Auf Socken gehen wir weiter durch die nächste Tür und kommen bald in einen Gang, von dem lauter Zimmer abgehen. Wir sehen Männer in Zivil. Als Außenstehender ist es unmöglich festzustellen, wer hier Wärter und wer Gefangener ist. Später erfahre ich, was es mit alldem auf sich hat. Im Gefängnis Kvíabryggja, das früher einmal eine Fischstation war, sitzen vor allem Wirtschaftskriminelle ein. Deshalb ist es auch nicht abgeschlossen. Die Insassen dürfen tagsüber spazieren gehen. Sie können hinaus in die Natur, nur nicht in den nächsten Ort. Und zum Abendbrot müssen sie wieder zurück sein. Sonst gibt es Ärger. Außerdem kriegt man Ausbrecher in Island schnell. Untertauchen ist schwierig in einem Land, in dem jeder jeden kennt.

Gefängnisstrafen wurden in Island übrigens erst im 17. Jahrhundert eingeführt. Weil man jedoch kein eigenes Zuchthaus hatte und damals noch unter dänischer Hoheit stand, schickte man Straftäter anfangs nach Kopenhagen. Doch irgendwann wurde das zu teuer und so bekam Island im 18. Jahrhundert sein erstes eigenes Kittchen im Zentrum von Reykjavík. Jeder kennt das weiße, elegante Haus in der Lækjargata und es ist ein beliebter Anlass zum schmunzelnden Spott. Denn es beherbergt schon seit längerer Zeit das Büro des Premiers. Es ist, wenn man so will, das Pendant zum Bundeskanzleramt.

100 Jahre später wurde ein neues Gefängnis in Reykjavík erbaut. Es liegt in der Skólavörðustígur 9, ebenfalls mitten im Zentrum und so nah an den vielen Bars, dass man die Feierwütigen von hier aus hören kann. Man sagt, das Gefängnis ist nur am Wo-

chenende voll, wenn Betrunkene irgendwelchen Mist gebaut haben. Auch über dieses Gebäude scherzt man übrigens gern – weil es mit seinen dunklen Steinmauern und den weißen Rundbogenfenstern dem Parlamentsgebäude verblüffend ähnlich sieht.

Aber zurück nach Snæfellsnes. Die Zelle von Dagurs Freund sieht aus wie ein normales kleines Zimmer. Es gibt ein Bett, einen Schreibtisch und an der Wand hängen Fotos und eine Gitarre, außerdem hat man einen wunderschönen Blick auf die Natur. Dagur und sein Freund scherzen, dass sie jetzt abhauen und mich hierlassen werden. Kurz wird mir mulmig. Denn ehrlich gesagt, zuzutrauen wäre es den beiden, für einen Witz so weit zu gehen. Schließlich kommt der Freund von Dagur von einer Insel, die den berühmtesten Humor-Club Islands hat. Clubs zu gründen, ist eine weitere isländische Leidenschaft. Es gibt sogar einen Club, der sich für die Wiedereinführung der Monarchie in Island engagiert – aus Spaß, denn Island war von 1918 bis 1944 wirklich ein Königreich, wobei es den Monarchen durch die Personalunion mit Dänemark teilte. Dieser Club besteht aus drei Leuten und alle sind Freunde von mir. Ein paar der Mitglieder des Humor-Clubs von jener Insel jedenfalls haben sich dadurch einen Namen gemacht, dass sie das Haus eines Kumpels über Nacht schwarz gestrichen haben. Sogar die Fenster, sodass der Freund morgens verschlief, weil er dachte, es sei noch Nacht. Und ein anderes Mal hat man sich mit einem Hochzeitspaar einen Scherz erlaubt. Als der frischgebackene Ehemann morgens nach der Hochzeitsnacht vom Hotelbett aus beim Service anrief, um ein Frühstück für zwei Personen aufs Zimmer zu bestellen, raunte es von unter dem Bett: »Für vier. Frühstück für vier, bitte!« Weil sich zwei Kumpel unter dem Bett versteckt hatten. So erzählt man sich die Geschichte zumindest. Wie lustig die Eheleute das fanden, ist dabei allerdings nicht überliefert.

Aber eines ist klar: Isländer lieben es, Unsinn zu machen. Und bei unserem Freund, der von dieser Insel kommt, muss man mit allem rechnen. Weil er übrigens ein guter Redner ist, war seine erste Amtshandlung im Gefängnis, sich dafür einzusetzen, dass alle Gefangenen neue Betten und neue Matratzen bekommen. Gefängnisse in Island sind wirklich nicht übel, denke ich, als ich mich so umschaue. Bis vor Kurzem gab es sogar Internetanschluss. Allerdings wurde der wieder gekappt, als herauskam, dass einer der Insassen von hier aus illegale Geschäfte betrieb. Ein berühmter brasilianischer Verbrecher ist da übrigens mit mir ganz einer Meinung. Er sagte einmal über ein anderes isländisches Gefängnis (es gibt insgesamt fünf): »So etwas habe ich noch nie gesehen. Das ist ja wie ein 4-Sterne-Hotel!«

Der Freund von Dagur allerdings sieht die Sache anders. Er fühlte sich unlängst nicht gut behandelt. Denn er hatte einen Brief an die Gefängnisleitung geschrieben, mit der Bitte, einen Tag freizubekommen. Wie jedes Jahr wollte er als Sänger auf einem großen Festival seiner Insel auftreten.

Er hielt mit seinem Vorhaben auch nicht hinterm Berg und erzählte seinen Gefängniskollegen davon. Die wiederum fanden auch, dass das eine prima Idee sei, und stellten ebenfalls alle Anträge auf einen freien Tag. Denn sie wollten auch gern zu dem Festival. Die Gefängnisleitung lehnte jedoch ab. Was Dagurs Freund wiederum so ungerecht fand, dass er einen offenen Brief darüber schrieb, dass man es hier mit Spielverderbern zu tun habe. Der Brief wurde auf der Leserseite im *Morgunblaðið* veröffentlicht. Da sieht man es also mal: In Island lässt man sich, selbst wenn man im Gefängnis sitzt, nicht unterkriegen oder seine Träume verbieten.

Es ist langsam Abend und Zeit, aufzubrechen. Als wir losfahren, fragt Dagur mich: »Hast du beim Rausgehen gesehen, was

der Nachbar von meinem Kumpel in seinem Zimmer hatte?« –
»Nee«, sage ich. »Was denn?« – »Eine Schrotflinte«, sagt Dagur.
»Der schießt von seiner Zelle aus auf Möwen!«

»Ich weiß gar nicht, was daran so komisch sein soll«, sagt
Gisli am nächsten Tag in der Redaktion zu mir. »Das ist schließlich ein Gefängnis für jugendliche Kriminelle, Ersttäter und alle,
die keine Gefahr für die Bevölkerung darstellen. Die haben keine
Gewalttaten begangen. Warum sollten sie also keine Schrotflinte
haben dürfen?«

»Ja, Gisli, da hast du natürlich recht«, sage ich. »Aber lustig ist
das trotzdem, dass da jemand im Gefängnis sitzt und mit einer
Schrotflinte aus seiner Zelle heraus schießt.«

Gisli kann daran nichts Erstaunliches finden.

Dann wird unser Gespräch unterbrochen. Meine Hilfe wird
gebraucht. Es ist ein Drogenschmuggel zwischen Deutschland
und Island aufgeflogen. Und ich bin froh, dass ich meine isländischen Kollegen unterstützen kann, in dem ich für sie mit der
deutschen Polizei telefoniere. Ein Jahr lang hatten die Fahnder
gegen eine Drogenbande ermittelt, die größere Mengen Amphe-
tamin, Kokain und Haschisch aus den Niederlanden, Marokko
und Spanien über Deutschland nach Norwegen und Island ge-
schmuggelt haben. Drei Leute hatte man in Island festgenom-
men – was nun auch erklärt, weshalb man mich am Flughafen
damals so gründlich filzte. Die Bande setzte auf die Strategie,
möglichst harmlos aussehende Kuriere einzusetzen, darunter
sogar eine Mutter mit Kind.

Island war für die Bande als Schmuggelziel vor allem deshalb
interessant, weil die Gewinnmargen so hoch waren. Dort wird
auf dem Schwarzmarkt ein fünf bis sechs Mal höherer Preis für
Haschisch gezahlt und für Kokain sogar bis zu zehn Mal so viel,
ließ das Hamburger Zollfahndungsamt in seiner Pressemittei-

lung wissen. Die deutschen und die isländischen Polizisten hatten gut zusammengearbeitet und man war froh, der Bande auf die Schliche gekommen zu sein. Außerdem fanden wir heraus, dass die Drahtzieher einst gemeinsam im Gefängnis gesessen hatten.

Vulkane und Skandale

»Es kommen viele Kriminelle in mein Kino«, sagt Villi Knudsen. Er kichert. »Ich schätze, sie mögen Explosionen.«

In Island kommt man an ein paar Charakteren nicht vorbei. Einer davon ist Villi Knudsen. Er ist einer der bekanntesten Vulkanfilmer des Landes und betreibt in Reykjavík ein kleines Kino, das ausschließlich Vulkanfilme zeigt. Das Red Rock Cinema liegt in der kleinen Straße Hellusund in der Nähe des Stadtsees.

Das Vulkankino liegt gleich neben der deutschen und der britischen Botschaft, die in Reykjavík im selben Gebäude sitzen und sich den Eingangsbereich, die Kaffeeküche und den Konferenzraum teilen. Eine Sache, die wohl nur in Island vorkommen kann. Aber hier liegt nun mal vieles nah beieinander, Vulkane und Gletscher genauso wie die Bars und das Stadtgefängnis. Und im Hafen von Reykjavík schaukeln die alten Walfangboote witzigerweise nur eine Stegbreite entfernt von den Walbeobachtungsschiffen. Alles ist so nah und so klein, da muss man halt toleranter sein.

Ein paar Schritte neben der Botschaft jedenfalls steht auf dem Bürgersteig ein feuerrot angestrichener Stein. Es ist der Wegweiser zum Kino im Hinterhof. Ein kleiner flacher Bau, ebenfalls rot lackiert, davor eine rote Bank. Drinnen, an einem roten Tresen, steht Villi Knudsen. Er ist groß, trägt ein schwarzes Hemd, Jeans und einen blauen Parka und ist erst einmal alles andere als vulkanisch.

Reden mit Villi ist vielmehr wie das Warten auf einen Ausbruch. Denn erst einmal passiert nichts. Oder nur wenig. Dann murmelt der Vulkanfilmer, der wirkt, als hätte man ihn gerade aus dem Mittagsschlaf gerissen, so vor sich hin. Er scheint die Ruhe selbst zu sein. Doch dann, plötzlich, regt sich was. Dann schmunzelt er unter seinem rötlichen Bart und es schießt etwas aus ihm heraus, ein Spruch oder eine Anekdote.

Vulkan-Villi liebt Skandale. Er sei ein News-Fanatiker, sagt er und guckt mich, die Lesebrille auf halbmast, durchdringend an. Außerdem sei es wichtig, über die aktuellen Geschehnisse Bescheid zu wissen. Dann habe man was zu reden. Deshalb fragt er auch jeden seiner Besucher, wo er herkommt und was er beruflich so macht. Er findet das »höchst interessant« und man kann nie wissen, wem man begegnet. Einmal, da kam zum Beispiel ein junger Typ in sein Kino, der irgendwie so verschlossen war. Er war zusammen mit zwei Mädchen da, die er im Zentrum kennengelernt hat. Villi schlurft durch sein rotes Reich. »Na ja und dann«, sagt er, völlig unaufgeregt, »landet der Typ wenige Tage später mit seiner Cessna auf dem Roten Platz in Moskau.«

Das war 1987 und der Kinobesucher kein Geringerer als Matthias Rust. Villis Schultern beben jetzt, er kichert. Selbst der berühmte Terrorist aus Caracas, Carlos der Schakal, sei schon in seinem Kino gewesen, erzählt Villi nicht ohne Stolz. Das war 1986, kurz vor dem legendären Gipfeltreffen von Reagan und Gorbatschow. Er habe ihn zwar nicht erkannt. Aber ihm sei aufgefallen, dass er sehr nervös war. »Ich habe gesehen, dass da etwas in seinem Kopf abging«, sagt Villi. Heute sitzt Carlos, der

Schakal, der mit richtigem Namen Ilich Ramírez Sánchez heißt, in einem Pariser Gefängnis, verurteilt zu lebenslanger Haft.

»Ja, ja«, sagt Villi zufrieden. »Ich treffe hier alle möglichen verrückten Leute.« Einmal, erzählt er weiter, kamen zwei Amerikaner in seine Vulkanshow. Auf die Frage, was sie beruflich machen, antworteten sie, sie wären »im Finanzbusiness«. Aber Villi merkte schon, dass da etwas nicht stimmte. Zwar schienen sie Geld zu haben, aber sie kannten sich auch auffallend gut mit dem Filmemachen aus. Das merkte er an ihren Fragen zu den Kameraeinstellungen. Ein paar Wochen später entdeckte Villi sie auf dem Cover einer Zeitschrift wieder. Es waren die Oscar-prämierten Coen-Brüder.

Nicht nur der Stein auf dem Bürgersteig, das Kinogebäude und der Tresen sind rot, auch die Sitze im kleinen Kinosaal, die Türklinken, ja sogar die Klobrille und das Handtuch im Bad. Das habe ich in Island oft gesehen, dass man die Dinge in den Läden oder Museen humor- und liebevoll bis ins kleinste Detail ausarbeitet. Selbst in Villis Büroräumen, wo er die Filme schneidet und bearbeitet, herrscht ein perfekt inszeniertes, heilloses Durcheinander. Auf dem Boden stapeln sich wild die Kartons, auf den Schreibtischen türmen sich Filmrollen neben Cola-Flaschen und Zigaretten-Packungen. »Hier ist es eben ein bisschen vulkanisch«, erklärt er.

Villi, 1944 geboren, ist ein alter Hase im Geschäft. Schon sein Vater Ósvaldur war ein berühmter Vulkanfilmer und wie der Zufall es so wollte, hatte der sich gerade seine erste Kamera gekauft, als 1947 der Vulkan Hekla ausbrach und erst 13 Monate später zum Stillstand kam. Also fuhr Ósvaldur los und machte seine ersten Aufnahmen. Mit 13 Jahren wusste auch Sohn Villi, wie man mit einer Kamera umgeht, und wenn sein Vater eine zweite Kameraeinstellung brauchte, durfte er helfen. Seinen ersten großen Einsatz erlebte Villi mit 19 Jahren. Es war der 14. November 1963 als an der Südküste von Island eine dunkle Rauchsäule mitten aus dem grauen Meer aufstieg. Sie quoll in die Höhe und wurde immer größer, begleitet von weißem Dampf, gewaltigem Donnergrollen, Zischen und heftigem Schwefelgestank. Auf dem Meeresboden war ein Vulkan ausgebrochen. Mit zwei Flugzeugen flogen Villi und sein Vater los und filmten, wie aus den Fluten in spektakulären Szenarien eine neue Insel auftauchte. Man nannte sie Surtsey, nach dem Feuerriesen Surtur aus der isländischen Mythologie. Der Ausbruch, bei dem nicht nur Lavafontänen in die Höhe schossen, sondern auch Steinblöcke durch die Luft flogen, dauerte insgesamt dreieinhalb Jahre, doch die Insel war an einem einzigen Tag aufgetaucht und den hatten sie im Kasten.

1975 eröffneten sie gemeinsam das Kino. Ich möchte nun wissen, was ihn so an Vulkanen fasziniert. »Ich bin kein Vulkanfanatiker«, murmelt Villi vor sich hin. »Das ist mein Job.« Im Grunde sei es eine »endlose Organisation«, »eine kleine, private Militäroperation« und »sehr, sehr teuer«. So ein Film koste schnell so viel wie mehrere Häuser, erklärt er, weil man Flugzeuge brauche, Mietwagen und Kameramänner. Und man muss schnell sein wie die Feuerwehr. Plötzlich guckt Villi hoch. Denn es war etwas passiert, das für Interview-Situationen in Island typisch ist. Kleine, erstaunliche Zufälle, die sich nebenbei ereignen. Mein Stift hatte den Geist aufgegeben, also hatte ich mitten im Gespräch blind in meine Tasche gegriffen und mit einem neuen weitergeschrieben. »Ist dir aufgefallen, dass du plötzlich mit einem roten Stift schreibst?«, fragt Villi in verschwörerischem Ton. Ich stutze. Ich schreibe nie mit Rot und wusste nicht einmal, dass ich einen roten Stift mit hatte.

Ob es nicht eindrucksvoll wäre, so dicht dran zu sein, wenn

ein Vulkan ausbricht und die Urgewalten zürnen, will ich wissen. »Ich habe sehr viel Glück gehabt«, sagt Villi, »ich hatte viele Beinaheunfälle.« Einmal, im Jahr 1973, als der Vulkan Eldfell auf der Insel Heimaey ausbrach, und er gerade den Berg hochkroch, flogen »Lava-Bomben« an ihm vorbei. Eine landete ganz dicht neben ihm. Da sei er den Berg so schnell hinuntergelaufen, »das war ein Weltrekord«. Ein anderes Mal, am Mývatn 1977, kamen sie beim Warten auf den großen Ausbruch in einen Schneesturm. Und der war so heftig, dass sie die Krater nicht mehr sehen konnten. »Das war ein sehr seltsamer Abend«, sagt Villi. Sie fuhren mit Schnee-Scootern über eine weiße Ebene. Aus irgendeinem Grund blieb der vorderste Mann plötzlich stehen, wahrscheinlich nur, um sich kurz umzuschauen. Da stellten sie fest, dass sie direkt vor einem Abgrund zum Stehen gekommen waren. Ein paar Meter vor ihnen ging es 150 Meter in die Tiefe. Im Boden war ein tiefer Riss entstanden. »Es ist nur ein kurzer Weg vom Leben in den Tod«, sagt Villi unbeeindruckt. Aber er glaubt, dass er einen Schutzengel hat und dass es die Schwester seiner Großmutter ist, mit der er zu Lebzeiten allerdings nie geredet hat.

Angst habe er trotzdem nicht, dazu habe er in solchen Situationen keine Zeit. »Ich mache einfach, was ich tun muss«, sagt er. Er sei gerade in den verrücktesten Situationen immer ausgeglichen. Und das glaubt man ihm. Er scheint überhaupt erst bei Vulkanausbrüchen in Wallung zu geraten. »Es ist wichtig, das Leben nicht zu ernst zu nehmen«, sagt Villi. Und die Isländer würden übrigens »auch Vulkane nicht so ernst nehmen«.

Der Vorraum im Kino hat sich inzwischen mit Besuchern gefüllt. Villi lotst sie in den Saal mit den roten Stühlen. Bevor der Film beginnt, hält er noch einen Vortrag. »Wir warten gerade auf den Ausbruch von Katla an der Südküste«, sagt er. Und der wird verrückt sein. Erst gäbe es eine große Explosion, dann tagelang Ascheregen. Und weil der Vulkan unter dem Gletscher Mýrdalsjökull liegt, würde kurz darauf ein enormer Wasserstrom über die Küste sausen. Der Ort Vík müsse evakuiert werden. Für die Rettungsmannschaften werde das nicht einfach sein, weil das Hubschrauberfliegen bei Ascheregen schwierig ist.

»Manchmal fragen mich die Leute jetzt, ob es gefährlich sei, in diese Gegend zu fahren«, sagt Villi. Aber dann antworte er immer: »Ach, wissen Sie, wir müssen alle irgendwann sterben. Und die Südküste ist einer der schönsten Orte dafür.« Und genau so sind dann auch Villis Filme. Voller spektakulärer Bilder, unterlegt mit unaufgeregter Erzählerstimme und lava-schwarzem Humor.

Manchmal fragen die Leute ihn auch wie er es schafft, immer so ruhig zu bleiben, erzählt er mir. Dann sagt er: »Oh, das sieht nur so aus, untendrunter, unter der Oberfläche brodelt's.« Und erst da bemerke ich es. Dass unter seinem schwarzen Hemd ein rotes T-Shirt hervorblitzt.

Die Südküste

Ich plane einen Trip entlang der Ringstraße, die auf insgesamt 1336 Kilometern einmal um die Insel führt. Die meisten Besucher fahren von Reykjavík aus im Uhrzeigersinn um die Insel (also erst gen Norden). Doch ich beginne, gemäß Villis Vorschlag, mit einem kurzen Abstecher Richtung Süd-Osten, da die Südküste angeblich einer der schönsten Orte der Insel ist. Letztlich ist es egal, wie herum man fährt. Wichtig ist nur: Jeder, der Island besucht, muss in die Natur. Dorthin, wo der Zauber waltet.

Die Wildheit beginnt gleich hinter den Toren der Stadt. Im Nu fährt man durch Lavafelder, die aussehen wie ein wogendes Meer, das zu Gestein erstarrt ist – so hat sie jemand passend beschrieben. Wie auch tausend andere Beschreibungen zutreffen. Denn machen Sie sich auch darauf gefasst, dass Sie auf dem Naturtrip zum Poeten werden. Irgendwas muss man nämlich tun, wenn man von solch surrealen Welten umgeben ist. Ich schaue hinaus auf die Innereien der Erde. Sie sind gezuckert von Schnee, der in der Sonne funkelt. Ich bin gespannt, was mir die Fahrt in die Natur wohl über die Seele der Isländer verraten wird.

Die isländische Art, zu denken, sei »eher poetisch als philosophisch«, diese Anmerkung eines isländischen Autors habe ich in einem alten *Merian*-Heft gefunden. »Island hat nie einen bedeutenden Denker, dafür aber viele große Dichter hervorgebracht«, schreibt er. Und jetzt, wo ich durch diese unwirkliche Umgebung fahre, leuchtet es mir ein. Denn der Verstand und die Logik haben in dieser sonderbaren Natur nichts mehr zu melden. Und nur die Poesie vermag es, die Schönheit und die Anmut einzelner Momente so abzubilden, dass einem das Herz aufgeht. Und das ist es, was passiert, wenn man durch diese merkwürdige Landschaft reist.

Pipelines laufen durch die Lavafelder, vor einem Berg tänzeln Schwaden aus Dampf. Ganz in der Nähe liegt eines der größten geothermischen Kraftwerke Islands, das den Großraum Reykjavík mit Warmwasser versorgt. Dort wird es in riesigen Kesseln gelagert, bevor es an die Haushalte verteilt wird. Man sieht es an dem Gebäude Perlan (die Perle), welches in der Hauptstadt auf einem Hügel steht und wie ein verirrtes Ufo aussieht.

Bald komme ich nach Hveragerði, jenem Ort mit den heißen Quellen, in dessen beleuchteten Glashäusern Gemüse und Blumen gedeihen und Bragis »Garten Eden« mit den Bananenpflanzen liegt. Neben der Kirche steigt Schwefelnebel empor. Ich fahre weiter. Auch Selfoss, das bald folgt, durchquere ich nur. Es ist mit 6 500 Einwohnern die größte Stadt an der Südküste. Viele machen hier die letzten Einkäufe, bevor es in die Wildnis geht. Denn schon bald gehen von der Ringstraße Wege ab, die ins Hochland führen. Dorthin kommt man allerdings nur mit Geländewagen. Und es darauf anlegen und mit einem normalen Pkw hinfahren, sollte man besser nicht. Der isländische Rettungsdienst kann nämlich ein Lied davon singen, wie es ist, übermütige Touristen abzuschleppen. Manche meinen gar, sie seien Jesus und könnten mit Pkws übers Wasser fahren. Doch so eine Gletscherflussdurchquerung mit normalem Auto geht selten gut.

Ist die Sicht gut, kann man den Vulkan Hekla, der im Hochland in einer kargen Mondlandschaft liegt, aber auch von der Ringstraße aus sehen. Es ist einer der berühmtesten und aktivsten Vulkane des Landes. Deshalb hielt man ihn im Mittelalter auch für den Eingang zur Hölle. »Unter der Erde singt ein andrer, der schwarzrote Hahn in den Sälen Hels«, lautet ein Reim aus dem *Völuspá*-Lied, dem bedeutendsten Gedicht des nordischen Mittelalters aus der Lieder-*Edda*. Wenn man sein Ohr an den Boden legt, so erzählte man sich, kann man den Teufel hören. Und später behauptete man, dass der Teufel Dänisch reden würde.

Das liegt daran, dass Island über 500 Jahre unter dänischer Fremdherrschaft war. Was man allerdings zu großen Teilen sich selbst zuzuschreiben hatte. Im 13. Jahrhundert brach eine Zeit der Fehden über Island herein, in der sich die mächtigsten Familien des Landes bis aufs Blut bekämpften und es zu bürgerkriegsähnlichen Zuständen kam, was das Volk schwächte. Außerdem mangelte es wegen Holzknappheit an Schiffen. Mehr und mehr war man wirtschaftlich auf die Norweger angewiesen. Bis es dem norwegischen König im Jahre 1262 schließlich gelang, die Isländer zu unterwerfen. Gut hundert Jahre später, im Jahr 1380, gelangten die Isländer unter dänische Herrschaft. Die Zeit des isländischen Freistaates war endgültig vorüber. Zwar lief der Handel mit Stockfisch und Wollprodukten anfangs noch gut, doch bald begann das, was als die »dunklen Jahrhunderte« in die Geschichte Islands einging. Das Klima kühlte ab, es kam zur sogenannten »kleinen Eiszeit«, Epidemien und Seuchen sowie verheerende Vulkanausbrüche rafften die Isländer dahin. Außerdem wurde von den Dänen ein Handelsmonopol über sie verhängt, das die Nation mehr und mehr schröpfte. Manche sagen, dies war die allerschlimmste Plage.

Der Vulkan Hekla ist meist von Wolken verhüllt. Daher hat er auch seinen Namen. Übersetzt heißt das Haube. Seit das Land besiedelt ist, brach der Vulkan mindestens 20 Mal aus. Zuletzt im Jahr 2000, doch das war bloß eine Touristeneruption – so nennen die Isländer das, wenn die Ausbrüche klein sind und die Schaulustigen zu den Vulkanen hinfahren, statt vor ihnen zu fliehen. Isländer sind nämlich ganz verrückt nach Ausbrüchen und damals blieben viele von ihnen auf den Schotterstraßen stecken, weil sie nach dem Vulkan-Viewing dummerweise in einen Schneesturm gerieten.

An der Ringstraße folgt bald eine der fruchtbarsten Regionen Islands. Flaches, grünes Land, das mit Schafen gesprenkelt ist und mit Heu, das in weiße Plastikfolie eingeschweißt ist. Manchmal sieht es hier ein bisschen wie in Schleswig-Holstein aus. Nur dass auf den Wiesen überall und oft dicht gedrängt zottelige Islandpferde stehen, die tapfer allen Stürmen standhalten.

Den Isländern ist diese Landschaft übrigens besonders heilig, weil sie Saga-Land ist. Eigentlich ist alles in Island Saga-Land. Die Autoren und Poeten des Mittelalters haben überall Geschichten in die Landschaft gedichtet, weshalb der Schriftsteller Halldór Laxness einmal sagte: »Das ganze Land bebt vor literarischer Überlieferung.« An der Südküste, spielt die *Njáls*-Saga, die beliebteste Saga der Isländer. Will man die Isländer beeindrucken, sollte man von dieser gehört haben. Gunnar heißt einer der glorreichen Protagonisten. Und wer die Saga liest, dem fällt auf, dass die Isländer einander nicht erst seit heute so charmant vorstellen. Bereits im Mittelalter waren die Isländer gut darin, ihre Helden in den schillerndsten Worten zu beschreiben. Über den Helden Gunnar steht da etwa geschrieben: »Er war von hohem Wuchs, stark und tüchtig im Waffenhandwerk wie kein anderer, sowohl im Schwert- wie im Speerkampf, besonders aber im Gebrauch des Bogens, denn er verfehlte niemals das erwählte Ziel.«

Allerdings hatte Gunnar ein Problem. Zwar war seine Frau wunderschön, doch zugleich ein kleines Biest. Hallgerður hieß sie. Weshalb übrigens bis ins 20. Jahrhundert hinein kein Mädchen in Island auf den Namen Hallgerður getauft wurde – solche Macht haben die Sagas. Hinterhältig jedenfalls wie Hallgerður war, zettelte sie hinter Gunnars Rücken Intrigen gegen die Frau seines Freundes Njál an. Irgendwann wurde Gunnar das zu viel. Wütend verpasste er seiner Frau eine Ohrfeige, für die Hallgerður Rache schwor.

Manche Isländer sind übrigens der Meinung, dass die *Njáls*-Saga deshalb so beliebt ist, weil es darin endlich mal nicht nur um Stammesfehden geht, sondern auch das schwierige Verhältnis zwischen Mann und Frau thematisiert wird. Angeblich wird die Ohrfeigen-Szene sogar in der Paartherapie eingesetzt. Aber wie dem auch sei, Gunnar jedenfalls ist eine Art isländischer Nationalheld. Weil er, obwohl er vom Althing des Landes verwiesen wird, im letzten Moment ob der Schönheit des Landes entscheidet, zu bleiben. »Schön ist der Berghang«, ruft er aus, als er gerade aufgebrochen ist. Und kurz darauf beschließt er, heimzureiten, obwohl er nun vogelfrei ist.

Da kommt Hallgerður wieder ins Spiel. Als ihr Mann gerade gegen seine Feinde kämpft und sich die Sehne seines Bogens entzweit, bittet er sie um zwei Locken ihres Haares, um sich eine neue zu flechten. »Hängt etwas davon ab?«, fragt Hallgerður. »Mein Leben«, antwortet Gunnar. Und da wittert Hallgerður den perfekten Moment der Rache. Sie verweigert ihm die Hilfe und sagt: »Dann werde ich dir jetzt die Ohrfeige vergelten, die du mir gabst.« Worauf Gunnar die in Island viel zitierten Worte spricht: »Jeder verschafft sich Ruhm auf seine Weise.« Und von seinen Feinden getötet wird.

Gunnars Hof Hlíðarendi lag übrigens ganz in der Nähe des Vulkans Eyjafjallajökull, der im Jahr 2010 eine schwer auszusprechende Berühmtheit erlangen sollte, weil er einen kurzfristigen Stillstand im europäischen Flugverkehr auslöste. Womit mal wieder bewiesen ist, dass diese Insel weitreichende Einflüsse hat.

Aber Island ist nicht nur das Land der Vulkane, es ist auch das Land der Wasserfälle. Hinter dem Seljalandsfoss, der ganz in der Nähe liegt, kann man am Bergrücken entlanglaufen und den Schwall des Gletscherwassers auch von hinten bewundern. Unter einem anderen Wasserfall, dem Skógafoss, nicht weit von hier, ist angeblich sogar ein Schatz verborgen. Ein wahrer Schatz liegt aber tatsächlich gleich daneben. Es ist das Skóga-Freilichtmuseum des Þordur Tomasson. Und der ist ein weiteres isländisches Unikum. Der 90-jährige Museumsbesitzer liebt es, seinen Gästen die Museumssammlung zu zeigen. Darunter finden sich kuriose Exponate wie Hammel-Kondome aus Wolle, eine brutale Mausefalle und ein Haarkamm aus der Elfenwelt. Auch die Torfgehöfte und die alte Schule zeigt er gern. Aber noch mehr liebt er es, seine Gäste in seine kleine hellgraue Holzkirche zu führen.

Dann läutet der weißhaarige Mann mit Hut die Kirchenglocke und hält seine ganz spezielle Predigt. Sie handelt davon, woher welches Bild, welcher Kronleuchter oder das Taufbecken kommt und wie alt hier alles ist. Außerdem erzählt er gern, wie viele Leute schon in seinem Museum, »dem meistbesuchten Museum außerhalb von Reykjavík!«, waren. Oder wie wichtig es ist, ein guter Mensch zu sein. Dann verteilt Þordur Bibeln, setzt sich ans Harmonium und es wird gemeinsam gesungen. Schließlich sind die Isländer Meister der Unterhaltung.

Wo wir schon in der Kirche sind, sollten wir auf das Thema Religion zu sprechen kommen. Auch hier lief in Island vieles anders als anderswo. Das Christentum wurde nämlich im Jahr 1000 friedlich nach einem kollektiven Beschluss auf dem Althing angenommen. Und das weniger aus religiösen als aus praktischen Gründen, da man ganz einfach einen Religionskrieg verhindern wollte und außerdem den Handel mit dem christlichen Europa fördern. In der Übergangsphase war man zudem sehr tolerant: Wer weiterhin die nordischen Götter anbeten wollte, sollte das bitteschön tun, aber heimlich. Interessanterweise brach während jener wichtigen Thing-Sitzung ein Vulkan aus, worin die Anhänger der alten nordischen Religion natürlich einen Wutausbruch der alten Götter sahen. Doch ein Christ wehrte die Verschwörung damals schlagfertig ab, indem er fragte: »Und wem zürnten eure Götter, als die Lavaströme brannten, auf denen wir jetzt stehen?«

Þordur hat inzwischen seine Kirche verlassen und läuft zwischen seinen Torfhäusern herum. Seit er 14 Jahre alt ist, setzt er sich für alte isländische Häuser und Gerätschaften ein und bewahrt sie vor der Zerstörung. So wurden sie im Laufe der Jahre aus verschiedenen Teilen der Region hierher verfrachtet. Wie er dazu kam, so jung? »Ein Geist sagte mir, dass ich das tun soll«, sagt Þordur, ohne es weiter zu erläutern. Dann zeigt er seinen goldenen Ring, den er bekam, als er Ehrendoktor der Universität Reykjavík wurde, und verweist stolz auf seine über 18 Bücher zur Folklore. Und ich beginne mich langsam zu fragen, ob ich überhaupt schon einen Isländer getroffen habe, der noch kein Buch geschrieben hat.

Ich fahre weiter Richtung Vík, jenen kleinen Ort, der im Falle eines Ausbruches der Katla wahrscheinlich evakuiert werden muss. Die Strecke führt an einer dramatischen schwarzen Küste entlang, vorbei an einem Kap mit einem Leuchtturm darauf. Nebel kriecht über die Berge, die wie die Rücken von Drachen aussehen. Die Sinfonie des Regens prasselt auf die Windschutzscheibe. An der Küste von Vík krachen dicke Wellen ans schwarze Ufer und schäumen dort vor weißer Gischt. Die spitzen Felsen, die hier dramatisch aus dem Wasser ragen, sind versteinerte Trolle, heißt es. Sie wollten einen Dreimaster an Land ziehen. »Darüber vergaßen sie jedoch die Zeit und erstarrten zu Stein, als sie vor dem Erreichen des schützenden Berges vom Schein der aufgehenden Sonne getroffen wurden.« So steht es auf einem Schild am Wegesrand. Die Informationstafeln in Island sind übrigens bemerkenswert. Sie versorgen einen nicht nur mit Sachinformationen über die Landschaft, sondern auch mit Sagen, Mythen und Legenden, und die sind in diesem Land nun einmal mindestens genauso wichtig. Dem, der durch diese Landschaft fährt, leuchtet das sofort ein. Im Grunde ist es unmöglich, nicht an Trolle oder Elfen zu glauben. Oder an Wesen jeglicher Art, die in den Felsen und Bergen und Gletscherspalten ein paralleles Leben führen.

Nach Vík kommt die Ebene Mýrdalssandur. Sie ist aus schwarzem Sand, im Hintergrund liegen Berge und der Gletscher Mýrdalsjökull, über dem ein paar Wolken hängen. Dennoch kann der Blick unendlich in die Weite schweifen bis zu den feinen Zeichnungen der Bergrücken im Sonnenlicht. Man kann sich kaum sattsehen an der Schönheit der Natur, die trotz ihrer Wildheit unendliche Ruhe ausstrahlt. Besonders die Gletscher demonstrieren eine ergreifende Gelassenheit. Dabei liegt unter dem Gletscher Mýrdalsjökull der Vulkan Katla, einer der gefährlichsten des Landes. Sein Name geht zurück auf eine Geschichte aus dem Mittelalter. Damals befand sich hier ein Kloster, in dem eine Köchin namens Katla arbeitete, vor der sich alle fürchteten.

Sie war schrecklich launisch und hatte magische Kräfte. Außerdem besaß sie eine Hose, mit welcher der Besitzer unendlich weit laufen konnte, ohne zu ermüden. Eines Tages, als Katla ausgegangen war und der Schafshirte Barði beim Einholen der Schafe nicht alle fand, zog er heimlich ihre Hose an. Katla kam dahinter und wurde darüber so wütend, dass sie Barði in einem Fass saurer Molke ertränkte und darin die Leiche versteckte. Der Winter nahm seinen Lauf, doch je mehr von der Molke verbraucht wurde, desto wahrscheinlicher wurde die Entdeckung des Toten. »Bald wird Barði auftauchen«, murmelte Katla vor sich hin. »Bald wird er auftauchen.« Als sie ihre Tat nicht länger verstecken konnte, zog sie ihre Hosen an und rannte davon. Bis hinauf auf den Gletscher, wo sie sich in eine Spalte warf, aus der kurz darauf eine gewaltige Flut herausschoss. So wie es nach Vulkanausbrüchen unter Gletschern in Island oft passiert. Zuletzt brach der Vulkan 1918 aus. Man wartet also tatsächlich auf den nächsten Knall. Und solange keiner kommt, begnügt man sich eben mit den alten Geschichten. Fährt man durch die unwirkliche Landschaft, wird bald klar: Ohne Geschichten läuft in Island überhaupt nichts, liefern sie doch die Erklärungen für unerklärliche Naturphänomene.

Vor meinem Autofenster erscheint jetzt ein Regenbogen. In gleißenden Farben, violett, blau, grün, gelb, orange, rot. Man kann von einem Ende bis zum anderen sehen. Regenbögen sieht man viele in Island, weil Regen und Sonne sich stets die Hand reichen. Und im Winter sieht man hier Nordlichter. Kein Wunder denke ich, dass die Isländer so kreativ und einfallsreich sind. Diese ganze Landschaft scheint eine einzige Wunderwelt zu sein und durch ihre 30 aktiven Vulkane in einem Zustand der fortwährenden Schöpfung. Und dort, wo das Land ewig in Bewegung ist, sind die Menschen es eben auch. Es ist einfach Teil der

Natur. Ich lausche der Musik von *Sigur Rós*. Aus den Boxen schallen liebliche, sphärische Klänge. Jónsi, der Sänger, hat sich übrigens tatsächlich eine Fantasiesprache ausgedacht. Sie heißt vonlenska und das bedeutet übersetzt so viel wie »hoffnungsländisch«. Das passt auch zu dem Land, in dem das Leben oft von der Hoffnung auf bessere Zeiten geprägt ist.

Bald folgen Hügel am Wegesrand, die wie winzige Krater aussehen. Gänse fliegen über die Straße. Was die ersten Siedler wohl gedacht haben, als sie aus Norwegen kamen und in dieser merkwürdigen Welt landeten. Zu beiden Seiten der Straße türmt sich jetzt abermals ein riesiges Lavafeld. Für mich ist es eines der schönsten des Landes. Ein Meer aus runden, sanften Bögen, komplett überzogen mit samtweichem Moos. Eine Isländerin sagte einmal zu mir, dass die Strecke hinter Vík nicht spannend sei. Da seien doch nur Lavafelder. Doch ich kriege nicht genug von ihnen. Es ist die Gleichzeitigkeit von Urgewalt und Sanftheit, die mich in Island immer wieder berührt. Besonders dann, wenn trotz allem in der harschen, reduzierten Landschaft am Wegesrand zarte Blümchen wachsen. Selbst die isländische Nationalhymne enthält übrigens diese Elemente des Temperaments der Extreme und der Zärtlichkeit: »Oh, Gott unseres Landes! Oh unseres Landes Gott« beginnt sie. Bald gefolgt von: »Für dich ist ein Tag wie tausend Jahre, und tausend Jahre ein Tag, nicht mehr, ein Blümchen der Ewigkeit mit zitternden Tränen, das zu seinem Gott betet und stirbt.« Und meine Lieblingsstelle: »Oh, Gott, oh Gott! Wir verneigen uns und opfern dir brennende, brennende Seelen.«

Das Lavafeld reicht bis zum Ort Kirkjubæjarklaustur. Es kommt von jenem monströsen Laki-Ausbruch, der beinahe dazu geführt hat, Island zu evakuieren. Damals versammelte der Pfarrer des Ortes alle Bewohner in der Kirche und hielt einen verzweifelten Gottesdienst ab, während die Lava in ihre Richtung waberte. Er ging als Feuerpredigt in die Geschichte ein. Denn die Lava stoppte kurz vor der Kirche.

In Island spürt man allerorten, wie übermächtig die Launen der Natur sind. Vielleicht schaffen die Isländer es deshalb so gut, das Leben und sich selbst nicht allzu ernst zu nehmen, überlege ich. Weil man weiß, dass man klein ist und die Natur groß. Und dass nichts für immer ist. Es ist, als hätten die Isländer etwas ganz Fundamentales verinnerlicht, das wir längst vergessen haben: Dass Veränderung das Natürlichste ist auf der Welt. Dass es keinen Sinn macht, festzuhalten an den Dingen. Ihr Land erinnert sie jeden Tag daran.

Ich nutze die Zeit im Auto, um noch einmal Revue passieren zu lassen, was ich über Island bereits gelernt habe, während ich durch die Sandwüste Skeiðarársandur auf den Vatnajökull zufahre, den größten Gletscher Europas. Die schwarze Ebene der Skeiðarársandur hatte ich schon vom Flugzeug aus gesehen. Es ist der Ort, an dem unzählige Wasserarme über die öde Ebene mäandern, ein Stück Land, das Schmelzwasserfluten infolge von Vulkanausbrüchen unter der Eiskappe immer wieder plattgemacht haben.

Was also wusste ich schon von diesem Land? Die Erdkruste ist dünner, die Natur wilder und die Menschen sind es auch, zumindest nachts am Wochenende, da werden sie vulkanisch. Sie lieben schwarzen Humor, Poesie, ein schnelles Leben und verrückte Ideen. Man macht hier einfach, was einem in den Sinn kommt. Dabei nimmt man die Dinge nicht allzu ernst. Schwermütig jedenfalls, wie man das von den Menschen auf einer einsamen Insel im hohen Norden vielleicht erwartet hätte, kommen sie mir nicht vor. Im Gegenteil. Die Zeiten der Unterdrückung hat man mit stoischem Trotz ausgehalten und dabei den Eigensinn und die eigene Sprache nie verloren. Und immer, wenn es richtig schlimm wurde, hat man sich Geschichten erzählt.

Vielleicht sind die Geschichten aus Island deshalb mitunter grotesker. Weil sie mithalten müssen mit den Extremen des Wetters und der Natur. Ich staunte etwa nicht schlecht, als ich zum ersten Mal isländische Märchen las, die archaischer sind als unsere. Da kommen üble Trollweiber vor, die rülpsen und furzen und ewig unbändigen Hunger haben auf Menschenfleisch. Oder Riesen, denen der Rotz nur so aus der Nase trieft. Es werden auch Axthiebe verteilt, dass es einen nur so gruselt. Und in einem Märchen fallen ein Mann und eine Frau mit Eimern voller Brei von einer hohen Leiter, woraufhin ihre Schädel am Boden zerbersten und die Spritzer von ihren Gehirnen und die Kleckse von dem Brei in der ganzen Welt herumfliegen. Womit übrigens ganz banal die Beschaffenheit des Bodens erklärt wird. Denn das Märchen schließt mit den Worten: »Und wo Hirnspritzer von dem Mann oder der Frau auf Steine kamen, da wurden sie zu weißen Flecken, und aus den Breiklecksen wurden die gelben Flecken, und beide Arten kann man noch heute auf dem Gestein sehen.« Auch habe ich langsam eine Theorie, weshalb Isländer Superlative so lieben und sie ständig verwenden: Man muss eben von herausragenden Dingen erzählen, um neben solch einer Landschaft zu bestehen. Und zur Not trickst man ein wenig. Wir haben die meisten Literaturnobelpreisträger der Welt – pro Kopf, sagen die Isländer gern. Umgerechnet auf die Anzahl der Leute im Land klappt das fast immer. Denn sie haben einen, Halldór Laxness.

Es ist ein erhabener Moment, wenn man die Gletscherzungen des Vatnajökull, die zwischen den Bergen hervorquellen, zum ersten Mal sieht. Wie schreiben die meisten Literaturnobelpreisträger Islands, also Laxness, so schön: »Wo der Gletscher aufragt, hört das Land auf, irdisch zu sein, und die Erde hat Anteil am Himmel, dort wohnen keine Sorgen mehr, und deshalb ist die Freude nicht nötig, dort herrscht allein die Schönheit, über jede Forderung erhaben.«

Unter der immensen Eiskappe des Gletschers, der ein Zwölftel von Island bedeckt, liegt der Grimsvötn, der ausgerechnet jetzt ausbricht, während ich diese Zeilen schreibe. Schon im Jahr 1996 kam es zu einem heftigen Ausbruch unter dem Gletscher. Die Schmelzwasserflut sprengte unter anderem eine Brücke. Ein Teil davon ist heute als Andenken auf der Ebene bewahrt.

Kurz nach dem Skaftafell Nationalpark, wo viele auf Eiswandertouren über die gezackte Ewigkeit der Gletscher gehen, kommt Ingolfshöfði. Hier auf der vorgelagerten Landzunge, die wie ein riesiger Wal aussieht, landete Islands erster Siedler Ingólfur Arnarson. Mit einem Traktor kann man im Sommer heute von der Farm Hofsnes aus eine Watt-Tour zur Landzunge und zu den windumtosten Klippen machen, an denen Papageitaucher, Raubmöwen, Basstölpel, Trottellummen, Tordalken und weiß der Geier wer alles brütet. Der Outdoor-Guide Einar, der mit seiner Familie auf der Farm lebt und die Tour führt, erzählt dabei Geschichten von Ingólfur und von den verschiedenen Vögeln. Nur als wir auf das Thema Abstammung kommen, sagt er etwas Erstaunliches: Weil er aus dieser Gegend hier kommt, sei er wahrscheinlich ein Nachfahre von Flosi. »Und darauf könne man wahrlich nicht sehr stolz sein.« Schließlich habe Flosi Njál verbrannt. Für einen Moment klingt das alles ziemlich ernst. Dann räumt er ein: »Gut, das ist natürlich nur Prosa.« Er hatte von der *Njáls*-Saga gesprochen.

Gletscherlagune

Die Kälte der Gletscher kann man übrigens fühlen. Ein eisiger Hauch schlägt einem in ihrer Nähe entgegen. Bald nach Ingólfshöfði kommt die Gletscherlagune Jökulsárlon. Riesige Eisbrocken schwimmen in einem Gletschersee. Als ich das erste Mal hier war – damals benutzte man noch Kameras mit Filmen – habe ich sie hier alle verknipst. Weil das zarte Blau, in dem das Eis hier strahlt, so betörend ist. Besonders, wenn dazwischen Seehunde spielen. Außerdem kracht und plätschert und knackt es unaufhörlich. Wie in einem Whiskyglas mit frisch eingefüllten Eiswürfeln, nur um ein Vielfaches lauter. Die Lagune ist permanent in Bewegung. Ab und zu bricht etwas ab von den dicken Brocken, deren wahre Größe unter Wasser liegt. In dieser Zauberwelt wurden übrigens Szenen von James Bonds *Stirb an einem anderen Tag* gedreht. Die Isländer schmunzelten. James Bond, in Island? Wie absurd.

Es wird schon dunkel, als ich mich losreißen kann. Ich fahre nach Höfn, einem kleinen Hafenort kurz vor den Ostfjorden. Es sind noch knapp 50 Kilometer, als ich auf die Tanknadel schaue, die verdächtig nah am roten Bereich klebt. Verdammt, denke ich, während ich durch die Einsamkeit fahre. Was mache ich, wenn ich stehen bleibe? Hier gibt es keine Tankstellen mehr. Und selbst wenn ich jetzt noch eine Zapfsäule fände, wäre sie nur mit Kreditkarte bezahlbar – und ich habe meine PIN vergessen. Ich rase durch die Dunkelheit und mit mir die Gedanken. Was macht man, wenn man spätabends in der Kälte im Niemandsland allein stehen bleibt? Seit Ewigkeiten ist mir niemand mehr entgegengekommen. Ich trete aufs Gas. Es hagelt. Könnte ich zur Not im Auto schlafen oder würde ich erfrieren? Ab und zu sehe ich jetzt das Licht eines einsamen Hofes. Kurz bin ich erleichtert. Doch dann frage ich mich, wie es wäre, wenn man da einfach hinginge und sagte: »Entschuldigung, haben Sie etwas Benzin?« Ich meine: Wer wohnt auf so abgelegenen Höfen? Ich stelle mir plötzlich die verrücktesten Schrate vor. Und Szenen aus *Shining*. Solche einsamen Gegenden bin ich einfach nicht gewöhnt. Da, wo ich lebe, kriegt man zu jeder Tages- und Nachtzeit Benzin oder einen Bus. Hier bin ich im Nichts. Und kein Benzin heißt, ausgeliefert sein. Woher kommt es eigentlich, dass in der isländischen Wildnis ab und zu Menschen verschwinden, frage ich mich in selbst ausgedachten Horrorszenarien. Während sich die Tanknadel immer tiefer auf den Punkt null zubewegt. Wobei das natürlich großer Unsinn ist. Deutlich wahrscheinlicher als eine schaurige Begegnung ist, dass auf einem Hof in der Einöde ein freundlicher Mensch die Tür aufmacht, Pfannkuchen und heiße Schokolade anbietet und sich über Heinrich Heine, Goethe oder Stefan Zweig unterhalten will, deren Werke er so schätzt.

Irgendwann sehe ich die Lichter von Höfn. Selten war ich so erleichtert. Auf den letzten Kilometern fängt das Auto an zu röcheln. Aber ich schaffe es noch, gerade so. Und dann mache ich den Besitzer eines Restaurants im Ort reich. Weil ich zum Essen zwei Glas Rotwein trinke. Für zwanzig Euro. Autsch.

Am nächsten Tag tanke ich und fahre den ganzen Weg zurück. Die Inselumrundung bewahre ich mir für ein anderes Mal auf. Noch einmal passiere ich die Wunderwelten voller Gletscher, Wüsten, Lava, Bergen, Wasserfällen und schwarzen Küsten und fühle mich ganz beschwingt von der Natur und den Stürmen, die um mein Auto pfeifen. Gerade will ich dem Satz zustimmen, den ich in einer Zeitschrift gelesen hatte: »Eine Reise nach Island ist eine Rückkehr zum Wesentlichen.« Da katapultiert mich eine SMS von Gisli zurück zu den irdischen Dingen: »Hi Andrea. Hast du einen guten Trip? Wann machen wir das Schafskopf-Fest?«

Gislis Nachrichten kommen übrigens immer im rechten Moment. Bei diversen Fahrten hatte er mir Tipps gegeben. Und mir immer haargenau in dem Moment eine Nachricht geschickt, wenn ich gerade an einem Ort angekommen war, über den er mir etwas mitteilen wollte. Zum Beispiel nett gemeinte Warnungen vor isländischen Playboys (»Frag einfach, wie es seinen Enkelkindern geht!«) oder Geschichten über Dinge am Wegesrand. Mir war, als wüsste er immer genau, wo ich bin, und auch, als würde ich dem Schafskopfessen einfach nicht mehr entkommen.

Das einzige Museum seiner Art

Bevor ich am nächsten Tag zurückgehe in die Redaktion, habe ich in Reykjavík noch etwas anderes vor. »Das ist ein fürchterlicher Ort«, warnt Eeva mich, als ich das Haus verlasse. Aber ich gehe trotzdem los in Richtung Laugavegur, denn dort liegt ein Museum der ganz besonderen Art. »Ich kenne den Museumsdirektor«, hatte meine Kollegin Elín mir vorher erzählt, »der war mal mein Spanischlehrer.« Das kann auch nicht jeder behaupten, dass sein ehemaliger Spanischlehrer der Direktor des Phallusmuseums ist, denke ich. Sie haben ganz richtig gelesen: In Island gibt es ein Phallusmuseum. Es ist das »vermutlich einzigste seiner Art, wo man die Phallen aller Säugetiere des Landes gesammelt hat«, steht nicht ohne Stolz auf der Homepage des kleinen Museums geschrieben. Heute liegt das Museum übrigens in Húsavík, der Hochburg für Walbeobachtung im Norden von Island. Damals, 2003, aber findet es sich noch in einem kleinen gelben Haus im Hinterhof der Laugavegur in Reykjavík.

Ein Metallschild in Form eines Penis weist den Weg. Kaum hat man den blau gestrichenen Raum mit den Exponaten betreten, fällt der Blick auf ein Arsenal von Einmachgläsern, die auf

Regalen stehen. Darin schwimmen, eingelegt in Formalin, komische, meist käseweiße, verschrumpelte Glieder in allen möglichen Formen und Größen. Von den Wänden stehen getrocknete Wal-Phalli ab, die auf Holz montiert sind und mit Messingschildchen versehen. An der Decke hängen Lampen mit seltsam behaarten Schirmen. »Das sind gegerbte Stierhoden«, klärt mich Sigurður Hjartarson auf, der Museumsdirektor. Er trägt einen Vollbart, ein blaues Hemd und eine Hose, die von schwarzen Hosenträgern gehalten wird. Und wenn er seinen Gästen etwas zeigen will, greift er gern zum gegerbten Stierpenis – und benutzt ihn als Zeigestock.

Mit den Stierpenissen hat ja schließlich auch alles angefangen. Und mit einer Lehrerparty in Akranes, im Westen von Island. Sigurður erzählt sie gern, die Saga seines Museums. Es war das Jahr 1974. Er war gerade Schulleiter einer kleinen Gesamtschule, als er auf einer Party eingeladen war, die sein Leben verändern sollte. Denn dort gab er die Geschichte zum Besten, wie man den Bullen früher nach der Schlachtung die Penisse abschnitt, sie gerbte und daraus Pferdepeitschen machte. Und wie der Zufall es so wollte, fuhr einer der Kollegen am nächsten Tag zu einem Hof, auf dem vier Bullen geschlachtet werden sollten. »Soll ich dir die Penisse vielleicht mitbringen?«, fragte der Kollege. »Warum nicht?«, antwortete Sigurður.

»Und so«, erinnert sich Sigurður, »kam am Montag darauf die Frau des Kollegen in die Schule und gab mir vier Bullenpenisse in einer Plastiktüte.« Eine neue Leidenschaft begann. Sigurður wurde zum Sammler von Säugetierpenissen, die er zunächst daheim in seinem Arbeitszimmer hortete. Bis er sich 1997, mittlerweile in Reykjavík, dazu entschloss, ein Museum zu eröffnen. Das machen Isländer übrigens gern: Museen eröffnen und seien sie noch so ungewöhnlich. Seitdem jedenfalls ist Sigurður der selbst ernannte Direktor des Phallologischen Instituts und Leiter des Phallusmuseums. Es zeigt mehr als 200 Exponate von fast allen Land- und Meeressäugetieren in Island. Und zwar von der Feldmaus (Penisgröße: wenige Millimeter) bis zum Pottwal (Penisgröße: 1,70 Meter, ca. 75 Kilo). Ein Eisbärenglied ist auch dabei, »mit beiden Hoden, aber ohne Penisbein«, so steht es im Museumskatalog. Denn natürlich gibt es auch einen Museumskatalog. Darin sind die Tiernamen auf Latein, die Fundorte, die Größenangaben der Glieder und die Aufbewahrungsart verzeichnet.

Denn »egal, was man tut, man muss es mit Überzeugung tun«, findet Sigurður. Und schon fängt der ehemalige Geschichts- und Spanischlehrer an, zu dozieren. Die Phallologie sei eine »uralte Wissenschaft«, die in Island bisher kaum Beachtung fand. Selbst Biologen seien auf diesem Gebiet nicht sehr bewandert. Nicht einmal die Art der Kopulation mancher Walarten sei bekannt. Sigurður schüttelt den Kopf. »Da gibt es so vieles, was man nicht weiß«, sagt er und begrüßt nebenbei eine Gruppe junger Frauen. Sie sind auf Junggesellinnen-Tour und wollen ein Foto mit Maßband vor dem Pottwalpenis machen. Sigurður lässt sie herein. »Es ist nie zu spät, sich zu informieren«, gibt er ihnen mit auf den Weg.

Wo zum Teufel hat er die ganzen Exponate her, möchte ich wissen. »Ganz unterschiedlich«, sagt Sigurður. Die Glieder der Nutztiere kommen aus Schlachthäusern. Er hat da einen Kumpel, der in einem arbeitet. Die Walpenisse stammen zum Teil noch aus der Zeit in Akranes. Einige seiner Lehrerkollegen arbeiteten im Sommer in der Walfangstation und brachten ihm manchmal welche mit. Außerdem hat Sigurður Freunde beim Institut für Meeresforschung. Die rufen ihn hin und wieder an, wenn irgendwo ein Wal strandet. Dann packt Sigurður sein Sezierbesteck ein und fährt los.

In der Penis-Präparierung sei er mittlerweile Experte, erzählt Sigurður stolz. Früher sei ihm so mancher Fehler unterlaufen. Mit Silikon soll er sie füllen, hatte ihm jemand geraten. »Aber guck, was dann passiert«, sagt er und zeigt enttäuscht auf ein Walglied, das von der Wand absteht. »Es ist gebrochen.« Schließlich handele es sich ja um organisches Material, das sich bei Feuchtigkeit und wechselnden Temperaturen selbst dann noch verändert, wenn es schon längst von seinem Träger getrennt ist. Heute ist Sigurður schlauer und hat sogar eine eigene Methode entwickelt. Wenn er einen Penis trocknen will, höhlt er ihn aus, füllt ihn mit Salz und hängt ihn für sechs bis sieben Wochen auf. Zwei oder dreimal muss das Salz gewechselt werden, dann ist er fertig, kommt auf eine Holzplatte, daneben ein graviertes Messingplättchen. »Und man muss sich keine Sorgen mehr machen«, sagt Sigurður.

Insgesamt drei Arten, die Phalli auszustellen, hat er sich ausgedacht: getrocknet, als Ganzes in Formalin (mal mit, mal ohne Hoden) oder schlicht die Penisknochen. Die sind Sigurður wichtig, weil auch sie ein Rätsel sind. »Niemand weiß, warum einige Tiere Knochen haben und andere nicht«, sagt er. Um an sie heranzukommen, kocht er die Glieder in einem Kochtopf. Dann ist es leichter, die Knochen herauszulösen.

Sigurður liebt sein kleines Museum. »Einer muss es ja tun«, antwortet er auf die Frage, warum um Himmels willen er solch ein Museum betreibt. Und stopft sich dabei gespielt geschäftig eine neue Ladung Kautabak in den Mund. Nur auf eine Frage reagiert er empört. Auf die nach seinem liebsten Ausstellungsstück. »Würdest du eine Mutter fragen, welches Kind sie am liebsten hat?« Er schüttelt den Kopf. »Ich liebe sie alle, weißt du.«

Und genau wie Vulkan-Villi freut er sich, dass er hier so viele Leute aus der ganzen Welt kennenlernt. Heimlich führt er Statistik: 60 Prozent der Besucher sind Frauen. Die meisten Gäste sind aus Amerika, England und Deutschland, schätzt er. Und sein wichtigstes Ziel ist, »dass die Leute das Museum mit besserer Laune verlassen. Ich versuche immer für gute Stimmung zu sorgen.«

Auch ein Blick ins Gästebuch des Museums lohnt sich. »Ich kann jetzt wieder schlafen«, schreibt ein Gast, »hier gibt es kleinere Exemplare als meinen Willy.« »Einmal ein weiblicher Wal sein...«, träumt jemand. Und ein anderer schreibt: »Moby Dick werde ich nie wieder auf die gleiche Weise lesen.« Allerdings sind nicht alle so begeistert. »Ekelhaft«, schreibt Angela aus Österreich. Und Adam aus den USA wütet: »Das erste und letzte Mal, dass ich dafür bezahlt habe, Schwänze zu sehen.«

Einzig der Penis eines Homo sapiens fehlt noch in Sigurðurs Sammlung. Dann wären alle Säugetiere, die es in Island gibt, vertreten. Aber immerhin hat Sigurður vier Versprechen. Vier Spender haben ihm bereits schriftlich beglaubigt, dass sie nach ihrem Ableben ihren Teil zur Ausstellung beitragen würden. Ein Isländer, ein Deutscher, ein Engländer und ein Amerikaner, dessen Penis auf den Namen »Elmo« hört. Der allerdings sei schon etwas eigenartig, sagt Sigurður. »Der schreibt mir immer E-Mails über seinen Penis.« Er schüttelt den Kopf. »Manche Leute sind eben einfach verrückt«, sagt er.

Sparen

»Ich weiß, worüber du mal schreiben kannst«, sagt Gisli, als ich am nächsten Tag wieder in der Redaktion bin.

»Worüber denn?«

»Über ein deutsches Ehepaar in Selfoss. Die machen etwas, das kein Isländer macht.«

»Was denn?«, frage ich, neugierig geworden.

»Sparen«, sagt Gisli und kichert.

Ich muss lachen. Die Isländer sind tatsächlich sehr konsumfreudig. Das war mir nicht entgangen. Man sieht das nicht bloß an den Geländewagen, die durch die Innenstadt rollen. Auch an den Handys und Flachbildfernsehern. Die Isländer scheinen bei allem, was Hightech angeht, stets auf dem neuesten Stand zu sein. Die Frauen tragen außerdem die neuesten Modetrends aus Mailand oder New York. Und gezahlt wird immer und überall mit Kreditkarte. Gislis Sätze erscheinen heute, im Angesicht der Krise, die 2008 über das Land hereinbrach, natürlich ganz anders. Damals erfahre ich, dass die Isländer – anders als etwa die Deutschen – keine ausgeprägte Sparkultur oder Aufschiebementalität haben.

Das, was man machen kann, macht man sofort. Holt alles raus aus dem Moment. So musste man in Island immer leben. Man fischte nächtelang, wenn die Fischschwärme im Meer groß waren, und man holte das Heu ein, wenn es trocken war. Schließlich konnte sich die Situation jederzeit ändern und wochenlang gar nichts gehen.

Außerdem hat das Sparen in Island tatsächlich jahrelang wenig Sinn gemacht. Die isländische Währung war zu mancher Zeit so unbeständig wie das Wetter. In den 1980er-Jahren etwa war Inflation Alltag, weshalb man das Geld besser ausgab und in handfestere Dinge verwandelte. Wer Glück hatte, dem bezahlte die Inflation gar das Auto oder das Haus. Und selbst als die Krone stabiler wurde, hielt sich die Einstellung, dass Geldausgeben nichts Schlechtes ist. Diese Einstellung kommt sogar in einem isländischen Gesellschaftsspiel durch, das »Das Fischereispiel« heißt. Es ist quasi das Monopoly Islands. Und darin kommt der Satz vor: »Ein zurückgezahlter Kredit ist ein verlorener Kredit.«

Und ganz abgesehen davon ist man in Island nicht so sorgenvoll. Im Gegenteil. Man ist risikofreudig und probiert gern Neues aus – mit großem Vertrauen, dass die Sache schon irgendwie gut gehen wird. »Þetta reddast« ist ein sehr bekanntes isländisches Sprichwort und bedeutet: »Es rettet sich schon.« Das ist natürlich nicht aufs Geld bezogen, sondern vielmehr auf ein positives Urvertrauen, mit dem die Isländer durchs Leben gehen. Deshalb wagt man, statt ewig auf morgen zu warten. Baut Häuser, gründet Firmen. Alles, was geht. Als ich eine Mutter für ein Frauenmagazin befragte, was sie ihren Töchtern wünscht, sagt sie neben Vertrauen und einem freien Geist: »Ich wünsche mir, dass sie nicht immer auf die Zukunft warten und sagen: Ich werde morgen glücklich sein. Sondern alles dafür tun, dass es heute so ist.

Ich habe meinen Vater sehr plötzlich verloren. Da habe ich viel darüber nachgedacht, wie kurz das Leben sein kann. Ich erzähle meinen Töchtern auch nicht, dass sie ihr Taschengeld sparen sollen. Manchmal überrede ich sie sogar, es auszugeben. Wenn sie Geld haben und einen Wunsch – warum ihn nicht einfach heute erfüllen?« Und ich bin restlos begeistert. Vor allem davon, wie angstfrei man in Island aus dem Vollen schöpft.

Einfach machen, was dir in den Sinn kommt

»Einfach tun, was dir in den Kopf kommt und nicht zu viel dar-über nachdenken. Das ist der Schlüssel zur isländischen Musik«, sagt auch Jóhannes Ágústsson, einer der beiden Inhaber des Plattenladens 12 Tónar. Er liegt in der Skólavörðustígur Nr. 15, nicht weit vom Stadtgefängnis, in einem beigefarbenen, well-blechverkleideten Häuschen. »Die ersten Ideen sind oft die bes-ten«, findet Jóhannes. Und genau das versuchen er und Mitinha-ber Lárus Jóhannesson – die beiden haben sich als Teenager beim Schachspielen kennengelernt – in ihrem kleinen Label um-zusetzen. »Wenn jemand mit einem Demo-Tape vorbeikommt und wir mögen es, bringen wir es raus«, sagt er. Das sei ihre Phi-losophie. Warum denn auch nicht? Auch die Idee für den ge-meinsamen Plattenladen ist spontan entstanden. In einer Bar, beim Fußballgucken. »Es war pure Bestimmung«, sagt Jóhannes im Nachhinein. Und das Rezept für den Plattenladen ist denkbar einfach: Kleiner Laden, viel Musik. Dazu ein Raum mit blauen Wänden, an denen die Fotos aller bisherigen isländischen Präsi-denten hängen, gemütliche Samtsofas, kleine CD-Player und eine gute Espressomaschine. Als Gast hat man das Gefühl, man würde bei guten Freunden abhängen. Im Sommer kommt man am besten freitags vorbei, gegen 17 Uhr, da gibt es Rotwein aus Plastikbechern und es spielt oft eine Band – immer eine andere. Dann platzt der kleine Laden fast, weil er vollsteht mit Musikinstrumenten und Menschen. Dann schallt es durch den Shop. Ein hübsches Mädchen singt rauchig und schön und trampelt dabei mit den Füßen auf den Boden. Nach einer halben Stunde verbeugt sie sich, gibt einem Teenager ein Autogramm auf die Jeans und das Leben geht draußen weiter. Denn so ist das hier. »Ich glaube, ich wäre dieselbe, egal, wo ich aufgewachsen wäre«, hat die Sängerin Björk einmal gesagt. »Nur ist Island ein Ort, an dem jemand, der ein Haus braucht, losgeht und es baut. Wenn jemand Essen braucht, geht er jagen oder fischen. Genauso ist es mit der Kunst. Wenn man ein Lied braucht, legt man los und schreibt es. Kunst wird in Island nicht auf einen Sockel gehoben. Sie ist Teil des Lebens – wie Kuchenbacken.«

Jóhannes und Lárus finden es übrigens lustig, wenn sich die Touristen ihre Nasen am Schaufenster plattdrücken, nur weil Björk bei ihnen einkauft. Jóhannes und Lárus gingen ja auch mal mit ihr in eine Klasse. Björk habe den Weg für viele geebnet, erzählt Jóhannes. Ihr Erfolg hatte einen unglaublich positiven Einfluss auf die anderen Musiker – weil sie gesehen haben, was alles möglich ist.

Was man noch wissen sollte über die isländische Musik? Die Stimme war jahrhundertelang das einzige Instrument, das man hatte. Denn in dem Klima war es schwer, Instrumente zu erhalten. Deshalb sang man. Bis heute gibt es in Island viele Chöre und die sind oft von wunderbarer Qualität.

»Ich bin mir sicher, dass viele isländische Bands nachts in Bars gegründet worden sind«, sagt Jóhannes. Er grinst. Und fügt hinzu: »Und auch auseinandergebrochen.« Auch die verrückten Bandnamen würden vielfach nachts entstehen – in endlosen Ideenströmen. Ein Blick auf die Namen der Bands, in denen Björk schon gespielt hat, widerspricht dieser Theorie keinesfalls. Ihre erste Band hieß: *Spit & Snot* (Spucken und Rotzen), die nächste *Tappi Tíkarrass*. Das bedeutet direkt übersetzt: »Korken im Arsch der Hündin«. Wobei die Isländer das als Redewendung benutzen für etwas, das wie angegossen passt. Danach wurde es irgendwie harmloser. Es folgte die Band *Kukl* (Hexerei). Und schließlich kam es zu den berühmten *Sugarcubes* (Zucker-würfel).

Das Nachtleben sei übrigens gesünder geworden, sagt Jóhannes, seit Bier erlaubt ist. Davor, als es nur Wodka oder Whisky gab, sei alles noch viel wilder gewesen. Besonders bunt wird es übrigens jedes Jahr am dritten Augustwochenende. Da ist Kulturnacht in Reykjavík. Von morgens bis spät in die Nacht herrscht auf den Straßen ein Allerlei aus Straßenkünstlern, Hinterhofkonzerten und Performances. Die Läden und Galerien sind die ganze Nacht geöffnet und auf der Laugavegur die Hölle los.

Das Schöne an der Musik- und Kunstszene in Island ist übrigens, dass alles so klein und deshalb miteinander verbunden ist. Wenn ein Performancekünstler einen bekannten Musiker für seine Aufführung braucht, ruft der ihn einfach an, man kennt sich. Will man die Clubszene ins Museum bringen, fragt man sie halt. So entstehen oftmals spontane Ausstellungen und Happenings.

Weshalb die Kunstszene in Island so lebhaft und auch voller internationaler Einflüsse ist, erläuterte mir der Chef des Kunstmuseums Hafnarhús einmal in einer Theorie. Es ist noch gar nicht lange her, dass Reykjavík von Leuten aufgebaut wurde, die auf Farmen oder in Fischerorten aufwuchsen. Es war eine kleine, isolierte Gesellschaft mit der Unsicherheit von Insulanern und der Sorge, nicht mithalten zu können mit der Welt. Aber sie machten etwas Schlaues. Da man an ihren Universitäten nicht alles studieren konnte, vergaben sie Bildungskredite für das Ausland. Diese Generation formt längst die Stadt. Die Studenten gehen überall hin und bringen all das, was sie anderswo gesehen haben, zurück nach Island und vermischen es mit dem, was es vor Ort gibt. So war das übrigens schon bei den Wikingern. Wer auszog aus dem Land und wiederkam, brachte Geschichten und Ideen mit und passte sie auf Island an.

Jóhannes vom Plattenladen fährt übrigens jedes Jahr nach Dresden. Er recherchiert in alten Archiven in Sachen Barockmusik. Musikalisch sei er den ganzen Weg gegangen, sagt er, von Punk bis zum Barock. Und das sei die absolute Spitze. Dass in der Vitrine ihres Plattenladens, neben allerlei anderen lustigen Dingen, eine signierte LP von Lionel Richie liegt, auf der steht: »12 Tónar ist der beste Plattenlanden in Island« muss übrigens keinen verwundern. Es ist ein Scherz. Von einem Freund, den sie »den isländischen Lionel Richie« nennen. »Wenn man positiv bleibt«, sagt Jóhannes in einem schönen Moment unseres Gesprächs, »kann einen das bis ganz nach oben tragen.« Und als wir rausgehen in den Nieselregen, um etwas essen zu gehen, setzt er einen grünen Sonnenhut auf.

Auge in Auge mit dem Schafskopf

Ich beschließe, dass ich Gisli nicht länger hinhalten kann. Auch den deutschen Redakteur nicht, für den ich die Geschichte über die Islandküche schreiben soll. In seinen Mails löchert er mich schon, wann er den Artikel endlich bekommt. Außerdem ist meine Stipendienzeit in Island fast abgelaufen.

»Einmal muss ich es ja tun«, sage ich mir und verabrede mich für den Abend mit Gisli im Schnellrestaurant am zentralen Busbahnhof BSÍ in Reykjavík. »Fjótt og gott« heißt es. Schnell und gut. »Dort gibt es gute Schafsköpfe«, sagt Gisli.

Auf Isländisch heißen Schafsköpfe »svið«, das kommt von dem Verb »svíða« (brennen oder sengen). Und das stammt wiederum davon, dass man den Schafsköpfen im Schlachthof die Haare absengt mit etwas, das wie ein großer Bunsenbrenner aussieht. Ich hatte es mit eigenen Augen gesehen. Schließlich bin ich eine ordentliche Journalistin und recherchiere meine Artikel gründlich. Jetzt im Schnellrestaurant, wünschte ich, ich hätte das nicht getan. Denn ich habe die Szenen vor Augen. Von Schafsköpfen an Metallgestellen. Und einem Mann mit einer Maske, der sie in eine Reihe legt und nacheinander mit dem Brenner bearbeitet. Funken sprühen. Es sieht ein bisschen so aus wie beim Schweißen.

Nach dem Absengen kommen sie in mit Eis aufgefüllte Wannen, um sie abzukühlen. Da bleiben sie über Nacht. Und sehen aus wie Wasserleichen in einem Gruselfilm. Anschließend werden sie gesäubert, in Hälften gespalten, in Plastikbeutel verpackt und eingefroren. So landen sie dann in den Tiefkühlregalen der Supermärkte, die frostigen Fratzen. Man bekommt sie eigentlich überall. Genau wie Fischlebertran, Skyr und Trockenfisch.

»Setz dich«, sagt Gisli und ich sehe zu, wie er zum Tresen des Schnellrestaurants schlendert und die Bestellung aufgibt. Jetzt gibt es kein Zurück mehr. Nervös lasse ich die Augen kreisen. In der Mitte des Schnellrestaurants führen Deko-Wegweiser zu Orten, die außer den Isländern sowieso niemand aussprechen kann, und die Fenster sind mit Fotos von Touristenattraktionen beklebt, damit man nicht auf die parkenden Busse gucken muss. Das Restaurant hat jeden Tag von frühmorgens bis spätabends geöffnet. Bis vor einigen Jahren gab es hier nur traditionelle Gerichte, erzählt Gisli. Dann hat der Inhaber umdisponiert. Heute gibt es hier auch eine Salatbar, Burger, Pommes, aber auch noch täglich – und darauf legt man Wert – frisch gekochte Schafsköpfe. Es gibt sie sogar draußen am Drive-in-Schalter. Gislis Sohn fährt nachts mit seinen Freunden manchmal hier vorbei – denn das ist »in«.

An einem Tisch liest ein Mann seine Zeitung. Auf dem Teller vor ihm liegt die nackte Hälfte eines Schafsschädels. Viel zu schnell kommt Gisli zurück. In der Hand hält er den ersten Teller, im Gesicht ein Grinsen: »Weißt du, so ein halber Schafskopf ist bloß ein kleiner Snack«, sagt er und reicht ihn mir. Die Haut sieht aus wie Schuhleder. Vor dem Verzehr werden die Schafsköpfe eine Stunde lang in Salzwasser gekocht und zusammen mit süßem Kartoffelpüree und Rübenmus serviert.

»Ha, deiner hat Schnupfen!«, ruft jetzt Dagur, der ebenfalls mitgekommen ist, und prustet los. Und zwar weil meinem angesengten Schafskopf gelbes Rübenmus an der Schnauzenspitze klebt. Ich bin den beiden ziemlich dankbar. Denn ohne den isländischen Humor wäre ich wahrscheinlich nie bis hierher gekommen.

Gisli erzählt, dass es die Traditionsspeise bei seiner Familie früher immer zu Weihnachten als Festessen gab. Außerdem haben sie früher auch das Hirn mitgegessen. »Aber mach dir keine Sorgen«, sagt er und dreht seinen um: »Hier gibt's bloß dumme Schafsköpfe!« Die Gehirne sind entfernt. Na dann, denke ich wenig erleichtert und starre auf den halben Schafskopf vor mir. Das Ohr ist ab. Aber ansonsten ist alles dran. Auf meinem Teller liegt ein Gesicht.

Der erste Schnitt ist das Schlimmste. Nicht an die Lämmer denken. Nicht an braun gebrannte Menschen am Strand nach zu vielen Wochen am Ballermann auf Mallorca. Und nicht die Zähne ansehen, die aus der Schnauze ragen.

Der verrottete Hai war eine Herausforderung. Aber einem Schafskopf ins Auge zu blicken, das man nebenbei mitisst, ist für mich eine echte Mutprobe. »Stell dir einfach vor, du wärst ein Chirurg«, sagt Gisli mit ruhiger Stimme. »Die essen bloß nicht, was sie zerschneiden«, entgegne ich. Während Gisli schon den halben Schafskopf verputzt hat, kämpfe ich noch immer mit dem ersten Schnitt. »Nicht hingucken, einfach schneiden und essen«, sagt Gisli ermutigend. Ich schneide ein Stück aus der Wange. Angeblich der leckerste Part. Denn das Fleisch ist fest, weil Schafe ausdauernde Graskäuer sind. Ich frage mich, ob mein Freund mich je wieder küssen wird? Doch für solche Gedanken bleibt keine Zeit mehr. Es gilt Augen zu, Gabel in den Mund, fertig, los. Und dann stelle ich fest, der Geschmack ist in Ordnung. Es ist gutes Fleisch.

Gerade will ich stolz sein, da sagt Gisli, ich solle nun den Unterkiefer entfernen. Mit diesem Knochen hätten die Kinder in den Torfhäusern früher gespielt – als man arm war und es sonst kein Spielzeug gab. »Guck, wenn du ihn so herum hältst, sieht er aus wie ein Pferd«, sagt Gisli und lässt seinen Schafsknochen auf einer Serviette umher springen. Als ich den Knochen von meinem Schafskopf entferne, schnellt die Zunge hervor. »Die ist das Beste«, sagt Gisli. Und zugegeben, sie schmeckt.

»Einfach zubeißen«, sagt Dagur jetzt voller Freude. »Und Gisli tief in die Augen schauen.« Schon wieder hagelt es eine Portion isländischen Humor. Es geht ums Auge. Gisli hat es schon gegessen. Ich bin dran. Allein den Augapfel aus der Augenhöhle herauszuoperieren, ist grotesk. Mehrmals muss ich ansetzen, weil ich zu zaghaft bin. Wenn es wenigstens auf den Boden fiele. Dann wäre ich erlöst. Ich weiß wirklich nicht, ob ich das tun soll. Als der Redakteur mir im Spaß eine E-Mail schrieb, in der stand: »Du kommst nicht wieder, bevor du nicht ein Schafsauge gegessen hast«, dachte ich: Dann denk ich mir die Sache halt aus. In isländischen Geschichten verschwimmen sie doch ohnehin gern, die Wirklichkeit und die Fantasie.

Aber jetzt liegt das Auge auf meinem Teller. Und sieht aus wie im Biobuch. Ein ovales Ding, hinten spitz zu einem Strang zulaufend. Dagur sagt: »Das Auge zu essen, ist gut für die eigenen.« Da erinnere ich mich an den Spruch eines anderen Kollegen. Das deutsche Wort für isländischen Lebensstil sei »Extremismus«, hatte der im Spaß gern gesagt. »Wir gehen immer den ganzen Weg, die ganze Zeit, weißt du!« Wahrscheinlich meinte er etwas anderes. Aber was macht das schon. Nach einiger Überwindung schneide ich ein Stück ab. Ich kann nicht auf halbem Weg schlappmachen, denke ich. Außerdem: Vielleicht werde ich ja meine Kontaktlinsen los.

Weich ist es. Auch ein bisschen knurpseliger als der Rest. Eklig ist nur der Gedanke daran, nicht der Geschmack. Ich glaube, Gisli ist jetzt stolz auf mich. Nur Dagur sagt, ich würde schummeln, weil ich plötzlich satt bin.

Ich hab es nur geträumt, denke ich abends in meinem Apartment, während der isländische Regen gegen meine Fensterscheibe prasselt. Vielleicht war es auch einfach nicht schlimm. Ist ja kein schlechtes Essen. Heutzutage kaufen wir nur meist fertige Fleischstücke, die uns selten so deutlich daran erinnern, von welchem Teil des Tieres sie stammen. Und so sitze ich in meinem Apartment, in meinem Sessel und lache, mit bebenden Schultern.

Am nächsten Tag scherzt ein Kollege bei der Zeitung: »Jetzt wird man bei dir zu Hause sagen, dass du durch die Wikinger zur Kannibalin geworden bist.« Ich stimme ihm zu und sage: »Wahrscheinlich werde ich des Landes verwiesen.« Darauf der Kollege: »Prima, dann wirst du der erste politische Flüchtling, der von Deutschland aus nach Island ziehen muss.«

Gern, denke ich. Denn in Wirklichkeit muss ich gehen. Meine Zeit in Island ist vorüber. Am nächsten Tag geht mein Flug. Als ich mich von meiner Mitbewohnerin Eeva verabschiede, erzähle ich ihr, dass alles großartig war und nur eines in diesem Land nicht geklappt hatte: Ich hatte Björk nicht getroffen. »Waaas?«, sagt Eeva entsetzt. »Die trifft man doch hier überall!«

TEIL 2

Rückkehr ins Land der
Wunder
Ist Island noch, was es
einmal war?

Heimkoma
Ich kehre heim

Natürlich hätte ich es mir denken müssen, und das nicht erst, als ich im Flieger sitze: Dass ich ein wenig nervös sein würde. Es ist der 29. März 2011 und ich kehre nach Island zurück. Ich darf ein Buch schreiben über meine Erlebnisse auf der Insel. Allerdings ist in der Zwischenzeit viel passiert. Im Oktober 2008 schlitterte Island in eine schwere Finanzkrise. Im Frühjahr 2010 sorgte es mit einem Vulkanausbruch für Aufruhr.

Das Flugzeug schwebt irgendwo über dem Atlantik. Neben mir sitzt ein Typ mit eisblauen Augen und roten Haaren. Er guckt Filme und bestellt Whisky. Ich lese *Sein eigener Herr* von Halldór Laxness und frage mich, was aus Island geworden ist und ob es sich sehr verändert hat.

Nur dreieinhalb Stunden dauert der Flug von Berlin nach Keflavík. Von unserer Hauptstadt auf diese wundersame Insel, die jedes Mal, wenn ich sie besuche, etwas in mir verändert. Ich fühle mich sorgloser, spontaner, energiegeladener und freier und frage mich, wie das angehen kann. Wie schafft es ein Land, das in mir auszulösen? Mag sein, dass es mit der vulkanischen

Energie zu tun hat. Mit einer Lebensfreude im Angesicht des brodelnden Erdfeuers. Sizilien hat einen ähnlichen Effekt auf mich. Und witzigerweise gibt es zwischen den beiden Inseln sogar Verbindungen. Jules Vernes *Reise zum Mittelpunkt der Erde* etwa beginnt in Island, hört aber vor der Küste Siziliens auf: Das Expeditionsteam wird am Ende vom Stromboli ausgespuckt.

Doch da ist noch etwas. Es sind die Menschen, die mir in Island begegnet sind, und ihre Art, auf das Leben zu schauen. Auf der Insel im Nordatlantik weht ein Geist, der zugleich aus Enthusiasmus und Gelassenheit besteht. Aus Goldgräberstimmung und humorvoller Distanz. Aus der treuen Präsenz der Frage »Warum nicht?«, die dazu verleitet, Neues auszuprobieren, dicht gefolgt von der Überzeugung, dass am Ende alles irgendwie gut gehen wird. Neben der Redewendung »Þetta reddast« (Es rettet sich schon) gibt es noch eine ganz ähnliche. Sie heißt »það gengur bara betur næst« (Es geht besser das nächste Mal). Diese positive Einstellung ist für mich der Schlüssel zur isländischen Mentalität. So gut wie nie habe ich dort jemanden jammern hören.

Und noch etwas ist mir immer wieder begegnet: Die Liebe der Isländer für die Andersartigkeit ihres Landes und seiner Bewohner. Man fühlt sich wohl in der Rolle des schrägen Außenseiters, zelebriert sie sogar. Oder, um es mit einem Kinderbuch zu erklären, das jeder kennt: Man ist nicht wie Tommy oder Annika, sondern eher wie Pippi Langstrumpf. Man probiert alles aus. Genau das fasziniert mich jedes Mal aufs Neue. Vor allem, weil man diese Freiheit jedem zubilligt. Einmal fuhr ich mit einem Freund durch die Landschaft und fragte ihn, was das für ein Haus am Wegesrand sei, denn es war von einer auffälligen Mauer aus Steinskulpturen umgeben. »Eine Hühnerfarm«, sagte der Freund und fügte ganz selbstverständlich hinzu: »Ich schätze da hat ein Baggerfahrer seine künstlerische Seite ausleben dürfen.«

Es mag Zufall sein, aber nie habe ich in Island Sätze wie »So ein Schwachsinn!« gehört. Mir scheint, als rede man so nicht. Als beobachte man eher. Als finde man Dinge eher »erstaunlich« als »blöd« und eher »bemerkenswert« als »abwegig«. Als habe man schlichtweg mehr Interesse an Ideen als an Grenzen. »Wir mögen es, Dinge auszuprobieren, bevor wir sie beurteilen«, sagte einmal eine Frau zu mir. Und ich habe sie heimlich beneidet um diese Offenheit, an Dinge heranzugehen. Aber sie hatte auch auf mich abgefärbt. In Island habe ich immer das Gefühl, ich müsse nichts weiter tun, als da zu sein – und schon fliegen mir die Geschichten zu. Fast so, als entscheidet das Land selbst, was es mir erzählt. Oder Gisli.

»Ich weiß, worüber du mal schreiben kannst«, schrieb er mir einmal in einer Mail und schickte mich ein Jahr nach meinem ersten Islandaufenthalt auf die Insel Heimaey, die einzig bewohnte der 14 Westmänner-Inseln, die vor der südwestlichen Küste Islands liegen. Heimaey ist vor allem durch einen spektakulären Vulkanausbruch bekannt. Im Januar 1973 war der Vulkan Eldfell ausgebrochen, der mitten auf der Insel liegt. Und nur dem schlechten Wetter war es zu verdanken, dass alle Inselbewohner gerettet wurden. Denn die Fischer waren an diesem Tag nicht rausgefahren und konnten daher alle der gut 5 000 Bewohner in Sicherheit bringen.

Aber deshalb schickte mich Gisli nicht auf die Insel, sondern wegen eines Spektakels, das sich jedes Jahr dort ereignet: Den Papageitauchernächten. Auf den Inseln ist nämlich eine der größten Papageitaucherpopulationen im Nordatlantik zu Hause. Die Vögel, die mit ihrem schwarz-weißen Federkleid ein bisschen wie Pinguine mit bunten Schnäbeln aussehen, leben zwar im Winter auf offener See. Doch im Frühjahr kommen sie auf die Inseln, um auf den grasbewachsenen Klippen zu brüten. Im

August werden ihre Jungen flügge und dann findet auf Heimaey das schöne Spektakel statt. Die Inselkinder retten die Vogeljungen, die sich bei ihren ersten Flugversuchen verflogen haben. Denn statt von den Felsvorsprüngen hinunter zum Meer zu segeln, segeln manche auf die Insel. Wahrscheinlich halten sie die Straßenlaternen und die Lichter in den Häusern für den Mond, der sich auf dem Meer spiegelt, und fliegen ihm entgegen. Das ist natürlich nur eine Theorie, aber eine, die man gern erzählt. »Sie sind jung, sie machen halt Fehler«, sagte ein Mann von der Insel zu mir und zuckte verständnisvoll mit den Schultern.

Für die kleinen Papageitaucher allerdings ist die Bruchlandung auf der Insel gefährlich. Denn sind sie erst einmal auf die Straßen von Heimaey geplumpst, kommen sie nur schwer wieder hoch. Sie sind gute Taucher, aber schlechte Flieger. Und so laufen sie Gefahr, von Autos überfahren zu werden oder von Möwen oder Katzen gefressen. Deshalb kommen ihnen die Inselkinder zu Hilfe. Zwei Wochen dauert die Saison der Fluganfänger. Sie fliegen abends, wenn es dunkel ist, und in diesen Nächten dürfen die Inselkinder so lange aufbleiben, wie sie mögen, und die abgestürzten Bruchpiloten einsammeln.

Dann kontrollieren kleine Gangs die Gassen. In Kapuzenpullis, die Mützen tief ins Gesicht gezogen, schwirren sie die ganze Nacht über die Insel, an den Fischfabriken vorbei, der Tankstelle, dem Fähranleger. In den Händen Taschenlampen und Pappkartons. Für die Kinder ist es ein Abenteuer und natürlich geht es darum, wer am meisten Vögel findet. Die flauschige Beute kommt in Kartons, die Kartons über Nacht in die Garage und am nächsten Tag lassen die Kinder die Vögel frei, auf dem Meer, wo sie in Sicherheit sind.

Denke ich an Island, denke ich oft an diese Geschichten von Naturverbundenheit und heiler Welt. »Bei uns lässt man die Kinder raus, wenn sie zwei sind, und holt sie wieder rein, wenn sie 18 Jahre alt sind«, sagte einmal ein Mann auf einer kleinen Insel im Norden zu mir, die Hrisey heißt. Ein idyllisches Eiland mitten im Fjord, auf dem knapp 200 Leute leben und über 40 Vogelarten nisten. Darunter Eiderenten, Goldregenpfeifer, Regenbrachvögel, Austernfischer und Alpenschneehühner (Letztere machen ein Geräusch, das wie ein Rülpsen klingt).

Auf dieser Insel lebte auch eine Frau, die mich mit ihrem freundlichen Gesicht und dem herzlichen Lachen an Astrid Lindgren erinnerte. Sie erzählte mir, dass ein Geist in ihrem Haus lebte. Es war ein Junge, der sich beim Fischen mit seinem Vater zu weit aus dem Boot gelehnt hatte, rausgefallen und ertrunken war. Er saß manchmal auf der Treppe im Flur und ließ dort seine Beine baumeln. Irgendwann fing sie an, mit ihm zu sprechen.

»Dabei spreche ich eigentlich nicht gern mit Geistern«, sagte sie. Weil das ziemlich peinlich sein kann. Einmal unterhielt sie sich mitten auf der Straße in Reykjavík mit einer Frau und bemerkte erst gar nicht, dass sie tot war. Das war ihr sehr unangenehm. »Was sollten denn die Leute denken?« Denn außer ihr sah sie ja niemand. Ob sie auch Elfen sehe?, fragte ich. »Nein«, antwortete sie. Aber eine Bekannte von ihr. »Und warum sollte die mich anlügen?«

Und noch ein Islandbild habe ich oft im Kopf. Es ist das von zwei 17-jährigen Jungs mit Rockerfrisuren, die ich in einer dieser endlos hellen Mittsommernächte voller Hingabe an einer Laterne in Reykjavík hängen sah und aus vollen Kehlen »I want to wake up in a city that doesn't sleep« singen hörte. Frank Sinatra und New York waren in diesem Moment nichts gegen die beiden, berauscht von ihrer Jugend und der Nacht. Und als ich am nächsten Tag zur künstlich beheizten Bucht in Reykjavík ging, saß dort ein Mann im heißen Pott, der »It's now or never« sang – im Nieselregen.

Ich habe oft über das Phänomen Island nachgedacht. Wenn Länder Freunde sind, dachte ich, dann ist Island der Rebell, mit dem man erst Pferde stiehlt und dann irgendwo auf einer Wiese liegt und über Geheimnisse, Träume, die Sterne und das Universum spricht. Ich kannte kein anderes Land, das den Spagat zwischen Ursprünglichkeit und Fortschritt, Intuition und Bildung, Individualismus und Zusammenhalt, Verwegenheit und Charme so gut hinbekommen hatte wie diese Insel im Nordatlantik. Es war ein Ort, an dem ich mir vorstellen konnte, zu leben. Weil er zugleich so modern und auf hinreißende Art so unberührt war. Aber was war jetzt? War Island noch das Paradies, das ich kannte?

Irgendwann fällt der Whisky meines Sitznachbarn um. Er hatte ihn auf den freien Sitz zwischen uns gestellt. Keiner von uns sagt etwas. Erst nach einer Viertelstunde sagt er ruhig und ohne Vorwurf: »Ich muss mal einen neuen Whisky bestellen, jetzt, wo du meinen umgeworfen hast.« Ich sage: »Ich glaub, das warst du selbst.« Darauf er: »Wirklich? Na, ist doch egal. Ist doch bloß Whisky!«

Wir kommen ins Gespräch: »Fährst du zum ersten Mal nach Island?«, fragt er. Ich sage: »Nein, ich war schon oft dort.« Er komme aus den Westfjorden, erzählt er, aus einem kleinen Ort, in dem nur 100 Leute leben. Und mir fällt auf, dass er so redet, wie viele Isländer, besonders aus kleinen Orten: In kurzen Sätzen und mit einer wunderbaren Klarheit. Gerade war er in Norwegen. Er hat dort geholfen, eine Fischfabrik aufzumachen, und anschließend eine Woche Urlaub in Deutschland gemacht. Dabei sei er mit dem Auto durchs Land gefahren. Er schüttelt den Kopf. »In Deutschland ist man nie allein«, sagt er. »Selbst wenn da ein Wald ist, sind da immer noch Häuser.« In Island sei das anders. Man könne rausgehen und tagelang niemanden treffen.

Wir sind kurz vor der Landung als der Pilot uns darauf aufmerksam macht, dass man am nächtlichen Himmel die Nordlichter sieht. Ich stehe auf, um es mir anzusehen. »Hast du noch nie Nordlichter gesehen?«, fragt mein Sitznachbar erstaunt, fast entsetzt. Ich sage: »Schon, aber nur selten, bei uns sieht man sie nicht.« In seinem kleinen Ort kann er sie immer sehen. Man sieht sie besser, wenn keine Stadtlichter sie stören, sagt er. Und dass er selbst schon in größeren Städten gelebt hat. Aber das habe ihm nicht gefallen. »Ich mag es, wenn Orte klein sind und jeder jeden kennt«, sagt er. »Und niemand einander umbringt.« Ich denke, vielleicht ist ja doch noch alles beim Alten.

»Was soll ich über Island schreiben?«, möchte ich von ihm wissen. Er sagt: »Zuallererst, dass die Politiker Idioten sind.« Er überlegt. »Es war nur eine kleine Zahl von Leuten, die uns in die Krise geritten haben. Der Rest ist in Ordnung. Island ist ein schönes Land.«

Die ersten seismologischen Schwingungen der Krise hatte ich schon 2006 vernommen. Eines Abends in einer Bar an einem dieser flatterhaften Abende vernahm ich plötzlich eine leise, verzagte Stimme. Sie kam von einem Typen in Lederjacke, der geknickt am Tresen saß. »Früher haben die Mädchen sich noch für deine Musik interessiert«, sagte er. »Heute wollen sie wissen, ob man einen Privatjet hat.«

Rums. Irgendetwas war anders. In dem einst klassenlosen Land war eine Schicht der Superreichen eingezogen, die es vorher nicht gab. Eine Form des Kapitalismus, der hier vorher keine Rolle gespielt hatte. Am Stadtflughafen von Reykjavík standen tatsächlich mehrere Privatjets. Im Jahr 2008, als ich kurz vor dem Bankencrash wieder dort war, hörte ich einen Freund von der litauischen Mafia sprechen, die angeblich Drogen nach Island schmuggelte. Mir wurde mulmig.

Dann kam der Kollaps. Mitte September 2008 ging die amerikanische Investmentbank Lehman Brothers pleite. Zwei Wochen später übernahm der isländische Staat 75 Prozent der Anteile der Bank Glitnir. Am Nachmittag des 6. Oktober 2008 trat Islands Premierminister Geir Haarde vor die Fernsehkameras und kündigte ein Notstandsgesetz an, das die Verstaatlichung weiterer Banken ermöglichte. Er räumte ein, dass Island vor der reellen Gefahr eines Staatsbankrotts stünde. Seine Rede schloss er mit den Worten: »Gott segne Island.« Spätestens da wussten alle, wie ernst es war. In den folgenden Tagen wurden die drei größten Banken Islands, Glitnir, Landsbanki und Kaupthing komplett vom Staat übernommen. Ich sah von Berlin aus zu. Und hielt den Atem an.

Plötzlich war klar, dass man es in Island übertrieben hatte. Manche verglichen die Aktionen isländischer Investmentbanker schon mit den Raubzügen der Wikinger, so hemmungslos hatten die sich über die Geschäftswelt hergemacht. Zudem war Island Opfer internationaler Spekulanten geworden.

Trotzdem wollte ich nicht darüber berichten. Nicht dabei sein, wenn Schmach und Häme über das Land hereinbrachen. Dafür tat es mir zu leid. Ich hatte Island in mein Herz geschlossen. Und fühlte mich ein bisschen so, als hätte jemand in der Familie einen Unfall gehabt. Wer würde ihn jetzt bergen, den abgestürzten Papageitaucher, zu dem Island geworden war?

Schweinskopfsülze mit Sauerkraut

Ein paar Tage darauf schrieb ich Gisli eine Mail. »Hi Gisli, Island ist pleite? Wie konnte das denn passieren? Seid ihr in Ordnung oder muss ich euch jetzt Care-Pakete schicken?«

Die Antwort kam prompt: »Hi Andrea, wirklich, ist Island pleite?«, schrieb er. Denn natürlich musste man die Sache genauer betrachten: »Drei private Banken, die ungefähr 90 Prozent ihres Geschäfts im Ausland gemacht haben, wurden stark von der Finanzkrise getroffen. Die Isländische Zentralbank ist eingesprungen und hat sie übernommen. Die dritte Bank, Kaupthing, fiel, als die britische Regierung die englische Filiale von Kaupthing konfiszierte und ein Antiterrorgesetz gegen die Bank anwendete. Das war wirklich ein freundlicher Akt von unseren Alliierten!«, schrieb Gisli. Die Isländer waren damals geschockt von dieser Aktion. Plötzlich rangierte ihre Bank auf einer Stufe mit Al-Qaida.

»Natürlich bedeutet das eine drastische Neuregelung unseres Finanzsystems und viele Unternehmen sind schwer getroffen«, schrieb Gisli weiter. »Wir hatten eine vorübergehende Währungsknappheit, aber die Krone fließt frei. Der Internationale Währungsfonds garantiert uns einen Kredit und die Dinge werden sich erholen – vorausgesetzt, der Rest der Welt überlebt.«

Gisli war also schon mal ganz der Alte. Ruhig und voller Zuversicht, dass am Ende alles wieder in Ordnung kommen würde. »In der Zeit des Übergangs wird viel passieren und es gibt viele Unsicherheiten«, schrieb er. »Aber du weißt doch, wie man in Island reist. Du folgst dem guten Wetter und wenn die Straße gesperrt ist, fährst du einen Umweg und das Leben ist gut. Viele Grüße, Gisli. PS: Schweinskopfsülze mit Sauerkraut wäre nicht schlecht.«

Ich war erleichtert. Offensichtlich hatte Gisli weder Humor noch Hoffnung verloren. Ich überlegte, ob jemand aus Deutschland so geantwortet hätte, wenn bei uns der Beinahebankrott ins Haus gestanden hätte. Ich glaube nicht.

Bei uns waren die Zeitungen voll mit Berichten über Islands Aufstieg und Fall. Ein jeder versuchte zu verstehen, wie es so weit kommen konnte in dem kleinen Land im Nordatlantik. Island, das vor 100 Jahren noch bettelarm gewesen war, war quasi über Nacht zum Global Player geworden. Die neoliberale Regierung hatte nach und nach die Märkte liberalisiert und die Banken privatisiert. Und die hatten es irgendwann heillos übertrieben. Die Krone war stark, weil ausländisches Spekulationskapital reichlich ins Land floss, und so hatte man nach und nach immer mehr billige Kredite in Fremdwährung aufgenommen. Die drei größten isländischen Banken, die etwa 85 Prozent des isländischen Bankensektors ausmachten, hatten dabei so exzessiv expandiert, dass ihr Bilanzvolumen am Ende zehn Mal so groß war wie das jährliche Bruttoinlandsprodukt. Eine Immobilienblase entstand. Und niemand trat auf die Bremse. Erst als die Finanzmärkte weltweit ins Schlingern gerieten, fragte man sich, ob Island sich das überhaupt leisten und ob es diese Kredite eigentlich zurückzahlen könne?

Aus der Ferne verfolgte ich, wie es mit Island weiterging, sah im Fernsehen, wie es in Reyjkavík zu ernsthaften Protesten kam. Zum ersten Mal seit dem geplanten NATO-Beitritt 1949. Demonstrieren ist man nicht gewöhnt in einem Land, in dem man die Leute auf der Gegenseite für gewöhnlich kennt, mit ihnen zur Schule ging oder mit ihnen verwandt ist. Doch jetzt waren die Isländer wütend. Von den Bankern und Geschäftsleuten, die ihr Land in die Krise gerissen hatten, fühlten sie sich betrogen und von den Politikern nicht ausreichend beschützt. Meist liefen die Demonstrationen friedlich ab. Es wurden höchstens Eier geschmissen und am Parlamentsgebäude klebte Skyr.

Im Januar 2009 dann kam es auf dem Platz vor dem Parlamentsgebäude zu den legendären Demonstrationen, bei denen die Menschen rhythmisch mit Löffeln auf Töpfe trommelten, weshalb ihr Protest später als die Kochtopfrevolution in die Geschichte einging. In der Nacht vom 21. auf den 22. Januar eskalierte es. Es flogen ein paar Steine und die Polizei setzte Tränengas ein. Zum ersten Mal seit 60 Jahren. Ende Januar trat die Regierung zurück.

Als zwei Jahre später der Eyjafjallajökull ausbrach, dachte ich: Endlich ist Island wieder bei seiner Kernkompetenz angelangt. Gelassen zu bleiben, wenn die Natur verrückt spielt. Während Europa es für eine Katastrophe hielt, dass man ein paar Tage lang nicht fliegen konnte, blieb man in Island ruhig. Dort lebte man schon immer mit dem Bewusstsein, dass die Natur stärker ist und mehr zu sagen hat, als das Geld und die Wirtschaft.

Trotzdem mache ich mir jetzt im Flugzeug Gedanken. Was ist aus dem Land geworden? Herrscht dort nun auch die Resignation, die man aus anderen Ländern kennt? Ist jetzt etwas in Island eingezogen, das es dort vorher nicht zu geben schien – die Angst vor der Zukunft? Ich habe einen Monat Zeit, das herauszufinden.

Doch dann überlege ich, dass man – wenn Länder Freunde sind – sie erst wirklich kennt, wenn man sie auch in schlechten Zeiten erlebt hat. Weil man erst dann weiß, was sie wirklich zusammenhält. Vielleicht ist es gut, wieder hinzufahren, gerade jetzt. Wir landen. Und ich hoffe auf das Beste.

Als ich am Rollband stehe, das die Koffer ausspuckt, sehe ich Vigdís Finnbogadóttir. Sie hat mit mir im gleichen Flugzeug gesessen. Dieses Mal werde ich ihre Nummer wählen und sie um ein Interview bitten, denke ich. Wer kennt das Land schon besser als die ehemalige Präsidentin?

Mein Vermieter holt mich vom Flughafen ab. Die Schnellstraße nach Reykjavík ist heute teilweise vierspurig. Die Straßenlaternen leuchten und schlängeln sich in sanften Orangetönen über die Halbinsel. Ich schelte mich für mein Bedauern, dass auch hier die Moderne Einzug gehalten hat. Warum schwelgen wir bei Ländern, die wir lieben, in Vergangenheitsromantik? Wie können wir von einem anderen Land erwarten, dass alles beim Alten bleibt – wo das doch nirgends der Fall ist? Am Ortseingang nach Reykjavík steht ein Schild auf dem »EU – nei takk!« (EU – nein danke!) steht. Die EU-Bewerbung läuft, aber die Bevölkerung sei in dieser Frage gespalten, sagt mein Vermieter. In der Wohnung angekommen, nehme ich eine Dusche. Das Wasser riecht nach Schwefel. Endlich zu Hause.

Tschernobyl

Ein paar Tage später nimmt Gisli mich mit auf eine Tour. »Du hast die Krise noch nicht wirklich gesehen, oder?«, fragt er. Und tatsächlich sieht man in der Innenstadt von Reykjavík nichts von einer Krise. Es hängt keine Trauerwolke über der Stadt. Die Laugavegur ist voller schöner Geschäfte. Die Stühle in den Cafés und Restaurants sind stets besetzt. Sogar das neue Konzerthaus Harpa im Hafen ist fast fertig. Eine Zeit lang galt es als Symbol der Krise, weil der Bau gestoppt war. Gisli fährt mit mir in die Randgebiete der Hauptstadt. Dort, mitten in der Landschaft steht auf einmal ein weiß-roter Kasten. Gigantisch groß. Hier sollte die erste Bauhaus-Filiale Islands eröffnen, erzählt Gisli. Anfang Oktober 2008. Aber es kam nie dazu. Jetzt steht sie hier herum, leer wie sie ist.

Wir fahren durch Neubaugebiete, in denen Häusergeripppe ohne Fenster stehen. Geistersiedlungen halbfertiger Träume vom eigenen Designer-Eigenheim. Denn dass diese Häuser einmal sehr schick werden sollten, kann man sehen. Allerdings ist nur ab und zu eines bewohnt. »Die leeren Häuser sehen aus wie Totenschädel«, findet Gisli. Neben einigen stehen Schilder. »Til

sölu« steht darauf – zu verkaufen. Aber wer kauft jetzt schon?
Wir fahren weiter und sehen geschlängelte Straßen, die durch
Lavafelder führen. Die Straßen sind frisch geteert, die Straßenla-
ternen nagelneu, selbst die Wasseranschlüsse waren schon fertig.
Nur zu den Bauten kam es nicht mehr. Weil stattdessen die Krise
ausbrach. »Was hat man sich dabei gedacht?«, frage ich mich.
»Wer sollte hier alles wohnen?«

»Es gab oft kein gemeinsames Planen«, sagt Gisli. Alle wollten
den ganzen Kuchen. Alle Gemeinden, alle Stadtteile. Und die
Leute wollten ein zweites, ein schöneres, größeres Haus. Es sind
bedrückende Szenerien, die vom Ende eines Booms, einer ge-
platzten Blase erzählen. Aber Gisli ist lange nicht so betroffen
wie ich. Er kennt es ja auch schon. Er schaut auf die leeren Sied-
lungen und sagt: »Das ist hier wie in Tschernobyl, weißt du!«

Dann erzählt er von der Garde der Superreichen. Etwa wie einer der früheren Bankbesitzer sein Imperium auf Pump auf-
baute. Gisli erzählt von Yachten, von Partys in Monaco, von ge-
kauften Fußballclubs (als wäre man Roman Abramovich!) oder
von Elton John, den man für Privatkonzerte buchte. Alteingeses-
sene, wohlhabende Familien im Ausland rümpften angeblich
schon die Nasen ob dieses Verhaltens der neuen isländischen
Elite. Es gibt das alte isländische Sprichwort »Geld macht einen
Affen aus dem Menschen«.

Ganz normale Bankkunden wurden überzeugt, Kredite in
Fremdwährungen aufzunehmen. In Euro, Schweizer Franken
oder Yen. Die Bankangestellten riefen die Leute sogar zu Hause
an und schlugen ihnen vor, Kredite aufzunehmen, um ein neues
Haus zu bauen. Denn die Krone war stark zu jener Zeit und die
Kredite günstig wie nie. Und das in einem Land, wo man noch
Anfang der 1990er ein Flugticket vorweisen musste, um in der
Bank überhaupt Fremdwährung zu bekommen.

Gisli redet ernst und klar und bleibt doch ruhig dabei. »Es sind doch nur Zahlen auf Papier«, sagt er auf dem Rückweg, als wolle er ausgerechnet mich beruhigen. Und da merke ich wieder, dass ich in Island bin. Wo man sich von Schicksalsschlägen trotzdem nicht kleinkriegen lässt. Niemals aufgibt. Sondern weitermacht. Er sei zuversichtlich, dass die Häuser irgendwann fertig gebaut werden, sagt Gisli. Außerdem sei nicht alles schlecht. Alle reden über Atomkraft und den schrecklichen Vorfall in Japan. Island habe keine Kernkraftwerke. Viele Ausländer wollen herziehen, weil das Leben hier gut ist.

Allerdings befänden sich die Papageitaucher auf den Westmänner-Inseln gerade in der Krise. Denn im Meer mangelt es an dem Fisch, den jungen Sandaalen, mit dem sie ihren Nachwuchs füttern. Die Papageitauchernächte fallen in den letzten Jahren immer spärlicher aus, weil die Papageitaucher zwar noch auf die Insel kommen, aber viel weniger Eier legen. Man hofft, dass es mit der Zeit wieder besser wird.

Endlich wieder normal

Am Nachmittag gehe ich durch die Straßen von Reykjavík. Überall sehe ich Leute mit Islandpullis. Zuerst stutze ich. Vor ein paar Jahren haben nur Touristen sie getragen. Jetzt bleibe ich stehen, lausche und stelle fest, dass die Träger Isländisch sprechen. Fast meine ich, sie trotzen der Welt mit ihren Pullovern, ihrer Wolle, die sie immer warm gehalten hat. Man strickt jetzt wieder, erzählt man mir. Außerdem gibt es neue, gemütliche Cafés, in denen die Kellnerinnen romantische Schürzen tragen und vielerorts typisch isländisches Essen. Ich entdecke ein schickes Bistro, in dem es Schafsköpfe gibt, und sehe, dass eine Bar, die einst dafür berühmt war, die meisten Biersorten in Island zu führen, jetzt »Íslenski Barinn« (isländische Bar) heißt. Dort hängen Schwarz-Weiß-Fotos aus alten Tagen an der Wand. Auf der Speisekarte steht hákarl, Trockenfisch, rot-weiß-blaues Popcorn, Walfleisch mit Dill und Wasabi-Mayonnaise, isländische Lammsuppe und geräucherter Papageitaucher. Es scheint, als sehne man sich zurück nach mehr Heimeligkeit – und den Wurzeln des Landes.

In einem Laden gibt es Taschen aus Fischhaut, die in den schönsten Farben schillern, überall wird isländisches Handwerk angeboten. »Island ist also zu seinen Ressourcen zurückgekehrt?«, frage ich eine Verkäuferin. »Ja, endlich«, sagt sie. »Es war alles zu viel. Es war verrückt. Es war einfach zu viel.« Schon 2006 seien viele skeptisch geworden, aber die Maschine lief. Heute sagt man »das riecht nach 2007«, wenn einem etwas übertrieben vorkommt. 2007 war das Boomjahr vor dem Fall.

»Wir haben jetzt aufgehört, zu versuchen, immer die besten zu sein«, sagt die Verkäuferin und klingt irgendwie erleichtert dabei. »Wir machen jetzt wieder unsere Sachen.« Der Zusammenbruch, sagt sie, »kam von einem Tag auf den anderen«. Heute haben viele Leute Schulden, teilweise sehr viel höhere als sie aufgenommen hatten – durch den Absturz der Krone. Außerdem hat die Krise Arbeitsplätze gekostet. Die Arbeitslosenquote liegt jetzt bei acht Prozent, was für Island extrem ungewöhnlich ist. Und trotzdem wirkt die Stimmung in der Stadt nicht schlecht.

Ich laufe weiter und sehe, dass auch vieles noch so ist, wie es immer war. Ein Plakat an einem Secondhandladen wirbt für einen »Tom-Selleck-Ähnlichkeitswettbewerb«, ein paar Leute haben spontan einen Flohmarkt im Hinterhof organisiert und zu Ostern hoppeln in einem Modeladen echte Hasen durchs Schaufenster. Lustige Ideen gibt es also noch immer. Auch bei 12 Tónar, dem besten Plattenladen von Island, ist alles beim Alten. Bis auf eine Rose, die neben dem Bild der ehemaligen Präsidentin Vigdís hängt, da sie im letzten Jahr 80 Jahre alt wurde. Sie ist eine tolle Frau, sagt Jóhannes, und die einzige Kundin, der sie die CDs, wenn sie anruft, auch nach Hause bringen. So ist das immer in Island: weil jeder jeden kennt, erfährt man zufällig kleine Puzzleteilchen an Neuigkeiten über die Menschen, über die man schreiben will.

Ich erfahre, dass man auch mit den Problemen des Landes kreativ umgegangen ist. Den 2000 Seiten langen Bericht einer

Prüfungskommission über die Hintergründe der Krise lasen Schauspieler in einer Dauerlesung im Stadttheater vor. Björk hatte erst vor wenigen Monaten einen Karaoke-Marathon organisiert, um gegen die Übernahme eines isländischen Energiekonzerns durch ein kanadisches Unternehmen zu protestieren. Außerdem sitzt seit Mai 2010 Islands berühmtester Komiker als Bürgermeister im Rathaus am Stadtsee. Angefangen hatte alles als Spaß- und Protestaktion. Der Schauspieler und Komiker Jón Gnarr, bekannt aus einer beliebten Comedy-Serie im Fernsehen, hatte mit seinen Künstlerfreunden eine Partei gegründet und sie »Besti Flokkurinn« (Die beste Partei) genannt. Als Parteisong nahmen sie das Tina-Turner-Lied *Simply the best* und schrieben es um. Im Videoclip steht Jón Gnarr auf der Aussichtsplattform von Reykjavíks Heißwassertank, schaut auf die Stadt und verkündet: »Liebe Bürger, es ist die Zeit für uns alle gekommen, in unsere Herzen zu schauen und mit Freunden und Familie zu diskutieren. Möchte ich eine strahlende Zukunft mit der besten Partei? Oder möchte ich, dass Reykjavík zerstört ist?« Dann erläutert er, wofür er sorgen will: »Freie Handtücher in allen Schwimmbädern! Ein Eisbär für den Zoo in Reykjavík! Allerlei für die Unglücklichen! Disneyland im Raum Vatnsmyri! Ein drogenfreies Parlament bis 2020! (wobei jemand im Nachhinein sagen wird, das sei überambitioniert gewesen) Nachhaltige Transparenz! Lasst uns sparen – Wir brauchen nur einen Weihnachtsmann! (denn die Isländer haben 13 Weihnachtstrolle!) Lasst uns die Mittelmäßigkeit nicht akzeptieren! Weil wir das Beste wollen!« Und die Leute? Waren so frustriert und enttäuscht von der Politik, dass sie die »Beste Partei« tatsächlich wählten, mit 34,7 Prozent der Stimmen. So hatte jetzt die Kunst das Rathaus übernommen.

Die beste Hummersuppe
der Welt

Am Abend gehe ich in eine kleine Fischbude im Hafen von Reykjavík und dort ist man überzeugt, dass die Krise auch etwas Gutes hat. Denn es gab bereits Pläne, den alten Hafen umzubauen, und dann wäre das »Sægreifinn«, das dort in einem türkisfarbenen Gebäude liegt, von der Bildfläche verschwunden. Und das wäre schlimm. Denn das Sægreifinn, das übersetzt Seebaron heißt, ist Kult. Wegen seines wunderbaren Besitzers und weil es dort »heimsins besta humarsúpa« (die beste Hummersuppe der Welt) gibt, wie das Schild an der Tür verspricht.

Kaum hat man die Fischbude betreten, strömt einem der Geruch von geräuchertem Lachs entgegen und macht einen zunächst ganz benommen. Zur Rechten sitzen an drei langen, schmalen Tischen zufrieden schmatzende Kunden auf kleinen Plastiktonnen, in denen die Fischer eigentlich Fischrogen aufbewahren. An den Wänden hängen Fischernetze, Islandfahnen, alte Fotos, Bilder von Schiffen und ein ausgestopfter Seehund. Durch einen schnurrenden Gang aus Kühlschränken mit Fischspießen und Kaltgetränken geht man zum Tresen, wo man das

Essen bestellt. Neben Rotbarsch, Seeteufel, Kabeljau, Heilbutt, Lengfisch und Co. gibt es auch Zwergwal. Man erkennt ihn daran, dass er rot wie Rindfleisch ist. Und übrigens auch ein wenig so schmeckt.

Woher sie wissen, dass sie die beste Hummersuppe der Welt servieren?, möchte ich von der Kassiererin wissen. Sie grinst und sagt: »Das sagen die Gäste.« – »Außerdem hat die *New York Times* das einmal geschrieben«, sagt Kjartan Halldórsson, ein kleiner Mann von 73 Jahren, mit knallblauen Augen, der dauernd kichert. Er ist der Besitzer und ein charmanter Haudegen. Bei ihm arbeiten fast nur Frauen, weshalb sie ihn schon scherzhaft den »Hugh Hefner von Island« nennen.

Das kleine Restaurant gibt es seit sieben Jahren. Davor fuhr Kjartan dreißig Jahre lang zur See. Er war Koch auf verschiedenen Trawlern. Das war ein großer Spaß, sagt er. Meist waren an die 30 Männer an Bord. Einmal waren zwei Frauen dabei, erzählt Kjartan. Und alle Männer wurden verrückt. Nur er nicht. Aber da Kjartan kein Englisch kann und eine seiner Angestellten übersetzt, fügt sie hinzu: »Wahrscheinlich war es anders herum.«

Als Kjartan in Rente ging, wollte er einen kleinen Fischladen im Hafen eröffnen. Alle erklärten ihn für verrückt. Zu der Zeit hielten sich hier eigentlich nur Fischer auf. Aber Kjartan machte es trotzdem. Und es kamen immer mehr Touristen, die ihn fragten, wie man den Fisch zubereitet. Also kaufte er einen Grill, machte Fischspieße und nebenbei seine berühmte Hummersuppe und so wurde langsam ein Restaurant daraus. Ich bestelle eine Suppe. Und bis die fertig ist, erfahre ich, dass auch Björk manchmal zum Essen herkommt. Aber natürlich ist sie jetzt nicht da. Mit Björk und mir ist es wirklich wie verhext. Auch bei meinen letzten Islandreisen hatte ich sie jedes Mal verpasst. Im

Supermarkt oder meinem Lieblingsclub Sirkus, als es den noch gab. Einmal war ich sogar in einer Videothek, in der mir der Besitzer erzählte: »Wärst du fünf Minuten eher gekommen, hättest du sie getroffen. Sie war gerade hier und hat sich ein Video ausgeliehen.« Ich frage mich langsam, ob Björk wirklich existiert. Oder ob sie vielmehr eine Elfe ist, die nur manche Menschen sehen können.

Da kommt die Suppe. In einem großen Becher, dazu gibt es Baguettebrot und Butter, gegessen wird mit einem Plastiklöffel. Während ich genüsslich losschlürfe, lese ich in der Broschüre des Restaurants den Satz: »Sie werden sich hier fühlen wie ein Seemann, der nach einem sechsmonatigen See-Trip nach Hause kommt.« Und über die Suppe: »Die weltbeste Hummersuppe gibt dir Lebensenergie. Sie hat einen reichhaltigen Hummergeschmack. Ihre Farbe erinnert dich an einen tief orangefarbenen Sonnenuntergang. Wenn du sie einmal probiert hast, wirst du ihren köstlichen Geschmack niemals wieder vergessen!« Und so ist es tatsächlich. Sie ist heiß, cremig, mit Curry gewürzt und perfekt gesalzen. Es schwimmen kleine Fettaugen darin, Petersilie, ein wenig Lauch und zarte Hummerstückchen. Und zu Hause fühle ich mich in dem Laden auch, selbst wenn vor lauter Kühlschränken irgendwann die Füße kalt werden. Ganz ehrlich, ich weiß selbst nicht genau, wie die Isländer das machen, aber als ich gehe, denke ich: Ich habe noch nie eine bessere Hummersuppe gegessen.

Das Wiederholungsprinzip

Am nächsten Morgen trotte ich ins nahe gelegene Schwimmbad. Wo – ohne dass ich es vorher wusste – jeden Werktagmorgen um 7.30 Uhr ein Spektakel stattfindet. Erst scheint noch alles normal. Die Leute hocken in den heißen Pötten und alles ist ganz ruhig und friedlich. Bis plötzlich ein drahtiger Typ mit blauer Badehose aus einem der Becken heraussteigt, die Hände vor seinem Mund zu einem Trichter formt, ein lautes Gejohle ausstößt und dabei um einen der heißen Pötte herumrennt. Fünf, sechs Männer tun es ihm nach und stimmen in das Gejohle mit ein. Dann tauchen sie wieder ab, ins heißeste Becken.

Kurz darauf erhebt sich der drahtige Typ abermals und ruft lauthals etwas in die Runde. Es muss so etwas wie ein »Auf geht's!« gewesen sein. Jedenfalls stehen plötzlich fast alle Leute in den verschiedenen Becken auf. »Magst du mitmachen?«, fragt mich eine Frau mit rötlichen Haaren. »Was denn?«, frage ich. »Morgengymnastik«, sagt sie. Und da sehe ich es. An die 20 Leute versammeln sich jetzt auf einer freien Fläche, die sie, wie mir die Frau erklärt, »den Sandstrand« nennen. Natürlich lasse ich mir das Spektakel nicht entgehen. Auch wenn ein heftiger

Wind weht und das Thermometer höchstens drei Grad anzeigt. Vielleicht ist es ja ein neuer Schlüssel zur isländischen Seele?

Im Nu bringen sich alle in Position. Schon geht es los. Der drahtige Mann gibt das Kommando. Er heißt Halldór, wird aber von allen Dóri genannt. Er ruft und rudert mit den Armen, macht die Übungen vor und alle machen mit. Vorwärtsbeuge, Arme heben, zur Seite strecken, nach vorne schwingen, zack, zack, zack, dann Kniebeugen, die Windmühle, eine Art Krieger-pose, ein hektischer Hampelmann, Liegestütze. Die ganze Gruppe ist voller Inbrunst dabei und zählt bei jeder Übung laut-hals mit: Einn, tveir, þrír ... Das Ganze läuft in rasantem Tempo ab. Ich komme kaum hinterher. Alle anderen schon. Die Cho-reografie scheint einstudiert zu sein. Was auch stimmt, wie ich später erfahre. Doch vorerst muss ich noch einen Moment durchhalten und weiterhin in nassen Badeklamotten Gymnastik machen, während mir ein eisiger Wind um die Ohren pfeift. Die Isländer haben echt einen Knall, denke ich. Wobei es zugegebe-nermaßen auch Spaß macht. Es wird gejauchzt, gelacht und bei der letzten Übung fangen alle an zu singen. Nach ungefähr sie-ben Minuten ist die Gymnastikeinlage zu Ende. Als Nächstes be-tritt ein Mann im schwarzen Pulli und in schwarzer Hose die Szene. Er trägt ein Tablett mit kleinen Plastikbechern, in denen frischer Kaffee dampft, den er den Damen anbietet. Dann geht es zurück in den heißen Pott. Und was soll man sagen? Man fühlt sich großartig. Wach und erfrischt und stark wie nie.

»Was habt ihr gesungen?«, frage ich die Frau mit den roten Haaren. »Oh, wir haben uns Reime ausgedacht«, sagt sie. Dann erzählt sie, wie das alles hier kam. Dóri geht jeden Morgen laufen und danach mit seinen Kumpels in den heißen Pott. Dabei ha-ben sie sich irgendwann das Gymnastikritual ausgedacht und das zelebrieren sie schon seit 28 Jahren. Doch wir werden unter-

brochen. Denn jemand tritt an den heißen Pott. »Es ist der Ringrichter«, flüstert mir die Frau zu. Sein Urteil: »8,9«. Also sehr
gut, fast so gut, wie sonst nur freitags, was traditionell der beste
Tag ist. »Ob er keine Gymnastik mag?«, frage ich ihn. »Einer
muss es ja tun«, antwortet der Mann und zuckt mit den Schultern. »Einer muss ja Ringrichter sein.« Der morgendliche Ablauf
sei jeden Tag der gleiche und jeder habe eine feste Aufgabe, erklärt er grinsend. Die Show dauert ungefähr eine Stunde. Nach
der Gymnastik gehen die Männer noch Schwimmen, dann Kaf-
feetrinken und Duschen. Den Abschluss bildet die Aftershave-
Session. Und ganz wichtig: Donnerstag ist Wiegetag. Wer nicht
anwesend ist, bekommt ein »geschätztes Gewicht« (meist zehn
Prozent mehr), anschließend wird der Diätplan der kommenden
Woche besprochen. »Das hier ist wie ein Manuskript, weißt
du!«, sagt der Ringrichter. »Allerdings ging es verloren. Jetzt
wird es mündlich weitergegeben.«

»Und der Mann in Schwarz, wer ist das?« – »Das ist der Pas-
tor«, erklärt mir die Frau mit den roten Haaren. »Morgens ist er
hier der Kellner.« Was man auch als hübsche Anspielung auf die
Multitasking-Fähigkeiten verstehen kann, die jeder in einer so
kleinen Gesellschaft mitbringen muss. Schon in Jules Vernes
Reise zum Mittelpunkt der Erde wird dies erwähnt, dort kommt
ein Pfarrer vor, der zugleich Schmied, Fischer, Jäger und Zim-
mermann ist. »Den Kaffee bekommen aber nur die Ladys«, erklärt meine Gymnastikgenossin und erzählt stolz, welche Frau
sich vor etlichen Jahren als Erste getraut hat, bei der Gymnastik
der Männer einfach mitzumachen. Es war Vigdís Finnbogadóttir, die ehemalige Präsidentin. Sie hat auch mitgemacht, als sie
schon Präsidentin war? »Jau, jau«, sagt die Frau. Und dann haben auch andere Frauen angefangen, mitzumachen. Ein Teil der
isländischen Emanzipationsbewegung fand also ganz offensicht-

lich im Schwimmbad statt. Ebenso wie ein Teil der Krisenbewältigung. Als die Banken verstaatlich wurden und Island in die Krise rauschte, sagte Dóri morgens: »Das hier lassen wir uns nicht nehmen, egal, wie es gerade ist! Die Krise nimmt uns nicht die Gymnastik weg! Hierhin lassen wir die Depression nicht kommen!«

»Die Schwimmbäder sind also nach wie vor Quell von Energie und Wirschaftlichkeit. Deshalb sind wir die Gesündesten, Langlebigsten und Schönsten auf der ganzen Welt«, sagt ein Mann, der ebenfalls im heißen Pott sitzt. Er grinst. »Nicht mehr die Reichsten, allerdings«, räumt er ein. »Jau«, seufzt eine Frau im Becken mit rosigem Gesicht. »Das denken wir gern von uns, dass wir die Besten sind auf der Welt.« Sie kichert und fügt hinzu: »Ich glaube allerdings nicht, dass irgendjemand sonst das so sieht. Aber in Island sagt man: Solange man selbst dran glaubt, ist es auch wahr.«

Aus Angst wurde ein Museum

»Was machst du morgen?«, fragt Gisli am Telefon. Und lädt mich auf die Eröffnungsfeier eines neuen Museums an der Südküste ein. Und so stehen wir am Abend darauf in einem kleinen Haus an der Ringstraße, das früher einmal eine Autowerkstatt war. Eyjafjallajökull steht draußen in großen Lettern. Drinnen gibt es magmarote Säfte in Plastikbechern und Sprite mit Trockeneis, das qualmt und brodelt. Der Inhaber des Museums trägt ein schwarzes Hemd und einen roten Schlips. Sein Name ist Ólafur Eggertsson. Er ist einer der Bauern, der bei dem Ausbruch des Vulkans Eyjafjallajökull um seinen Hof fürchten musste, der am Fuße des Vulkans liegt. Es war schlimm. Mehrfach wurden sie evakuiert. Die Bauernfamilie war verzweifelt. Drei oder vier Wochen lang war nicht klar, ob sie ihren Hof Þorvaldseyri verlieren würden.

Doch was machten sie aus diesem Schicksal? Das Beste! Jetzt, genau ein Jahr nach dem Ausbruch, eröffnet Ólafur mit seiner Familie ein kleines Dokumentationszentrum. Dort werden Fotos gezeigt und ein 20-minütiger Film über den Ausbruch und das Bangen um die Farm. Denn Ólafur hatte geistesgegenwärtig

an einem der ersten Tage des Ausbruchs einen Filmemacher gebeten, alles zu dokumentieren. Der Film ist mitreißend. Der
Vulkan klingt wie ein Feuerwerk. Man sieht Lavabrockenregen
und dann Aschewolken, die in die Höhe quellen. Blitze. Die
ganze Urgewalt des Teufelsbergs unter dem Gletscher. Kühe und
Pferde müssen reingeholt werden. Der Himmel ist schwarz wie
die Nacht und die Farm wie lebendig begraben. Doch sie überlebt. Am Ende kommt die Familie zurück. Wischt die Asche von
den Fenstern, fegt sie von den Dächern, schippt sie mit der Hilfe
vieler Helfer schubkarrenweise vom Hof. Es ist eine unendliche
Arbeit. Aber eine mit einem guten Ende. Heute haben sie durch
den Ausbruch eine neue Heißwasserquelle und sogar das Gras
ist nach dem Ausbruch noch besser nachgewachsen als vorher.

Zwischendrin gibt es in dem Film auch etwas zu lachen. Der
Filmemacher hat einen Zusammenschnitt beigefügt, in dem
Nachrichtensprecher weltweit an der Aussprache des Namens
des Vulkans scheitern. In den Souvenirshops rund um Island
kann man heute T-Shirts kaufen, auf denen steht: »Eyjafjallajökull lässt sich doch ganz leicht aussprechen: Ay-uh-fyat-luh-yoe-
kuutl-uh« (wobei das die englische Lautsprache ist). Auch hier
im neuen Dokumentationszentrum gibt es Andenken an den
Ausbruch. Am Tresen liegen Postkarten, die die Aschewolke zeigen, außerdem gibt es Vulkanasche in kleinen Fläschchen, Schokolade, die wie Lavafelder aussieht, und das Parfum »EFJ«, das
eine isländische Künstlerin kurz nach dem Ausbruch kreiert hat.

Anschließend gibt es Vorträge und rote Blumen. Bauer Eggertsson bedankt sich bei allen, die geholfen haben, und seine
Frau trägt Gedichte vor, die sie über den Vulkan geschrieben hat.
»Ihr Vater«, raunt mir jemand im Publikum zu, »war der
schnellste Dichter Islands.« Etwas später komme ich mit jemandem ins Gespräch, der zu DDR-Zeiten in Rostock Schiffstechnik

studiert hat und später in Westberlin physikalisches Ingenieurswesen. Ich bin beeindruckt, es wird nicht viele Leute geben, die in beiden deutschen Systemen studiert haben. »Ja«, sagt der Mann in perfektem Deutsch. »Einen interessanteren Mann als mich werden Sie in Island nicht finden.«

Kurz darauf wird mir Magnús Tumi Guðmundsson vorgestellt. Er ist Professor für Geophysik an der Universität von Island und somit einer der bekanntesten Vulkanexperten. Sein Bruder ist witzigerweise ebenfalls berühmt: Er ist der Notenbankchef, weshalb man die beiden während des Vulkanausbruchs »Mr. Ash« und »Mr. Cash« nannte. Und scherzhaft daran erinnerte, dass Island vor allem »Cash« brauche und keine Asche.

Ob man als Geophysiker nicht einen Traumjob habe in Island?, frage ich ihn. Schließlich hatte ich gehört, dass die Isländer in den ersten Tagen des Ausbruchs froh waren, dass es in den Nachrichten endlich mal wieder um Vulkane ging und nicht bloß um die Krise. Er sagt: »Wenn man 25 Jahre alt ist, ist man als Wissenschaftler auf jeden Ausbruch scharf. Aber später wird einem mehr und mehr bewusst, dass es vor allem darum geht, sich um die Menschen zu kümmern.« Die Leute so gut wie möglich zu informieren, sei das Wichtigste. »Aber wir wissen in solchen Situationen auch oft nicht, wie lange der Vulkanausbruch noch geht«, so der Experte. Wichtig sei es dann, nah bei den Leuten zu sein und ihnen Mut zu machen. In diesem Moment kommt der »interessanteste Mann Islands« an mir vorbei und flüstert mir zu: »Du sprichst da übrigens gerade mit einem der besten Geophysiker in Europa!«

Es ist alles noch beim Alten, denke ich. Selbst wenn die Welt sich noch so verändert, geben die Isländer nicht auf, schon gar nicht ihren positiven Geist. Es erinnert mich an etwas, das Gisli mir einmal erklärt hat. »Erdbeben«, hatte er gesagt »sind in Island nicht so schlimm, weil die Erdkruste dünner und offener ist und damit flexibler. Bei Erschütterungen bewegt sie sich einfach mit.« Was für ein schönes Sinnbild für das Leben hier, denke ich. Wenn es in Island rumst, bewegt das Land sich mit.

Bevor ich es vergesse: Auch beim Phallusmuseum in Húsavík hat es eine Veränderung gegeben. Seit April 2011 zählt endlich das werte Teil eines Homo sapiens zur Sammlung. Sigurður Hjartarsons Freund Páll Arason hatte bereits vor etlichen Jahren zugestimmt, die Ausstellung nach seinem Tod mit seinem Glied »abzurunden«, so Sigurður in einem Zeitungsbericht. Und das ist nun – Gott habe Páll Arason selig – geschehen.

Legenden, die das Leben schrieb

Auf dem Rückweg fahre ich im Sagazentrum in Hvölsvollur vorbei. Ich habe noch ein paar Fragen zur mittelalterlichen Literatur. Denn die mündliche Erzähltradition der Isländer, die vermutlich durch die gekidnappten Iren beflügelt wurde, in allen Ehren. Aber wie kommt es, dass sie darüber hinaus mit den Sagas eine in Europa einzigartige Literatur geschaffen haben? Eine Art Vorläufer des historischen Romans, der zum Teil auf wahren Begebenheiten basiert, mit feinen Charakterstudien, vielschichtigen Persönlichkeiten und ausgefeilten Dialogen? Und das noch dazu in einer Zeit, in der man froh sein konnte, überhaupt zu überleben, und in einem Klima, das sich nicht gerade optimal dafür eignet, um Handschriften aufzubewahren?

Der Wind pfeift und heult um das Sagazentrum als ich dort ankomme. Doch der Direktor Sigurður Hróarsson trägt trotzdem dreiviertellange Hosen und Sandalen, weil er mit einem schönen Frühlingstag gerechnet hatte. Er kommt ursprünglich aus dem Norden von Island, hat in Amerika und Reykjavík Schauspiel studiert und isländische Literatur. Er war Dozent an der Uni, hat als Journalist gearbeitet und war viele Jahre lang der Leiter von zwei isländischen Theatern. Warum um alles in der Welt haben die Isländer angefangen, in einer freien Form zu schreiben, die Geschichte und Literatur vermischt?, frage ich ihn beim starken isländischen Kaffee. »Es ist ein Rätsel und es gibt keine einfache Antwort«, sagt Sigurður, der wilde, blonde Locken hat und dazu eine schwarze Brille trägt. Aber er habe Gedanken und Theorien dazu. Und so kommen wir ins Gespräch über die Faktoren, die die mittelalterliche isländische Literatur beeinflusst haben, die vor allem im 12. und 13. Jahrhundert niedergeschrieben wurde. Und das in isländischer Sprache, während fast jeder, der zu dieser Zeit das Schreiben lernte, auf Latein schrieb.

Denn wer konnte damals schreiben? Anfangs waren das vor allem die Geistlichen, die von der Kirche dazu ausgebildet wurden. »Und sie schrieben das, was die Obrigkeit von ihnen verlangte«, so Sigurður. »Und das war das Christentum und seine Pracht.« Doch genau an dieser Stelle kommt eine isländische Besonderheit zum Tragen: Nämlich die Tatsache, dass die Einführung des Christentums in Island spät und friedlich verlief. Während man auf dem europäischen Kontinent alles daransetzte, jegliche Zeugnisse des Heidentums zu zerstören, weil sie des Teufels waren, war man in Island nicht so streng. Und so erzählte man sich die heidnischen Mythengeschichten trotzdem weiter. Was eine der Grundvoraussetzungen für die heutige Existenz der *Edda*, also der Götter- und Heldenlieder und Legenden aus der nordischen Mythologie ist. Denn aufgeschrieben wurden sie im 13. Jahrhundert ausgerechnet von christlichen Gelehrten. Und weil die wussten, dass das nicht dem entsprach, was der ferne Papst in Rom wollte, schrieben sie vermutlich heimlich und auf Isländisch. Auf so einer abgeschiedenen Insel hatte man eben schon immer etwas mehr Narrenfreiheit.

Außerdem passt das zu Sigurðurs Theorie, weshalb die Autoren der Sagas größtenteils unbekannt blieben: »Es waren gebildete Autoren, aber sie taten etwas, das man damals einfach nicht tat – sie schrieben Prosa! Sie gaben sich selbst die dichterische Freiheit, sich alles Mögliche auszudenken.« Und auch das taten sie, nimmt Sigurður an, lieber ohne dass der Papst in Rom davon erfuhr. Bevor es Ärger gab.

Warum aber hatten sie so ein Verlangen, zu schreiben und Geschichten über die Landnahme und das Leben auf Island zu erzählen, die eine Mischung waren aus wahren Begebenheiten und Dichtung? Das könnte wiederum damit zusammenhängen, dass die Isländer nicht den besten Ruf genossen. Sie galten als geflohene Mörder und Barbaren und sehnten sich nach einem besseren Ansehen. Weshalb in den Sagas oft daran erinnert wird, wer sie wirklich einmal waren. Und zwar selbstverständlich: Nachkommen nobler Familien aus Norwegen und dem keltischen Raum, darunter Königskinder und Blaublüter jeglicher Art. »Stimmt denn das?«, frage ich Sigurður. »Es ist alles Legende!«, sagt er. Und damals war man sich dessen auch bewusst. Aber die Sache sei zugleich auch kompliziert. Denn ein paar Jahrhunderte später wurden die Sagas tatsächlich als historische Quellen eingesetzt. Und zwar als es wieder einmal schlecht um den Ruf der Isländer stand. Im 16. und 17. Jahrhundert nach der Entdeckung der neuen Welt wurde es literarische Mode, von Reisen abenteuerliche Berichte mitzubringen. Und das, was die Leute damals über Island behaupteten, war wirklich abenteuerlich. Dort oben auf jener einsamen Insel im Nordmeer würden Menschen mit zwei Köpfen leben, regelrechte Monster, hieß es. Vor den Küsten gäbe es Wale, die ganze Schiffe fressen, und in den Vulkanen könne man den Teufel singen hören. Die Isländer, so schrieben ausländische Reisende, seien die niedrigste Gesellschaft der Welt und hätten nicht das geringste Benehmen. Das konnten sie sich natürlich nicht gefallen lassen. Nun hielten sie mit ihren Sagas dagegen, die von der Besiedlung Islands erzählten und ihrer noblen Abstammung. Sie waren zwar nur in Prosa abgefasst, aber das war jetzt egal. Sie wurden gebraucht als, wenn man so will, eine frühe Form des Marketings.

Der isländische Autor Einar Kárason hat es auf einer Lesung kürzlich einmal so ausgedrückt: »Die Isländer hatten anfangs nicht den besten Ruf, es waren Mörder, Diebe und so weiter. Und so mussten wir schreiben, um zu erzählen, wie nobel wir waren. Daraus wurde eine weltberühmte Literatur. Die letzte Zeit war unser Ruf okay. Bis vor Kurzem. Bis zur Bankenkrise. Jetzt hat sich herumgesprochen, dass wir nicht so gut sind als Banker. Also kehren wir zu dem zurück, was wir können und schon immer gemacht haben: Literatur.« So gesehen war es natürlich ein genialer Wink des Schicksals, dass Island, nachdem eine seiner Banken im Jahr 2008 von den Briten durch Anwendung eines Antiterrorgesetzes eingefroren wurde, im Jahr 2011 Ehrengast auf der Frankfurter Buchmesse war, wo die Islandsagas übrigens in neuer Übersetzung erscheinen.

Auch dafür, dass die Geschichten der isländischen Sagas vor allem von Familienkonflikten und Rache erzählen, gibt es übrigens eine Erklärung. »Wir hatten keinen König, keinen Herrscher«, erklärt Sigurður, »also war ein Verbrechen immer gegen ein Individuum gerichtet, nicht gegen die Obrigkeit. Und das Individuum war Teil einer Familie, also musste die Rache nehmen.« Es ging also immer um Familienbünde, Stolz und Ehre. Was für manche die nächste Parallele zu Sizilien ist. »Einen guten Mafiafilm zu gucken, ist in etwa so, wie eine Islandsaga zu lesen«, sagt Sigurður im Spaß.

»Und was sagst du zu den Elfen?«, frage ich ihn. Er sagt: »Für mich ist das Dichtung! Das sind ursprünglich Geschichten von Leuten, die nach Erklärungen suchten, für das, was in der Natur vor sich ging. Versuche, unerklärliche Dinge zu verstehen. Aus einem seelischen Bedürfnis heraus.« Tja, und glaube man nun, was man wolle. In genau diesem Moment passiert etwas sehr Eigenartiges. Urplötzlich bricht ein Hagelsturm los, der mit solch einer Macht auf das Dach des Sagazentrums hämmert, dass wir kaum noch unsere Worte verstehen. Wir schauen uns an und müssen lachen. Denn der Hagelsturm wirkt in der Tat wie ein Protestschrei von oberster Stelle. Und was noch viel rätselhafter ist: Ich habe das Gespräch mit Sigurður auf Band aufgenommen. Aber die Episode mit dem Hagelsturm ist nicht dabei. Aus unerklärlichen Gründen. Einfach verschwunden.

Sie fehlen uns Deutschen, die Elfen

Zurück in Reykjavík kämpfe ich mich durch einen heftigen Sturm, bis ich im Büro von Professor Terry Gunnell sitze, dem Leiter der Volkskundeabteilung der Universität von Island. Auf seinem Foto im Internet könnte man dem Engländer mit den schwarzen Haaren für einen flüchtigen Moment Ähnlichkeit mit Severus Snape aus den *Harry-Potter*-Filmen unterstellen. In Wirklichkeit ist er aber kein Zauberer und sehr sympathisch. Ich habe ihn aufgesucht, weil er vor einigen Jahren eine Untersuchung zum Thema Elfen gemacht hat. Was den Glauben an Elfen oder übersinnliche Dinge angeht, gab es davor nur eine Befragung von 1974, und Gunnell, der schon lange in Island lebt, wollte wissen, ob sich etwas geändert hat. Also machte er zusammen mit seinen Studenten in den Jahren 2006 und 2007 eine neue Studie. Darin ging es um Fragen wie: Können Träume die Zukunft voraussagen? Oder kannst du Tote sehen? Glaubst du an Geisterhäuser? Oder die Existenz von Elfen? Gunnell fand es interessant, dass sich die meisten der Antworten im Mittelbereich abspielten, im Bereich des Möglichen. Denn sie fragten die rund 1000 Teilnehmer ihrer Studie immer, ob sie diese Phänomene für unmöglich, unwahrscheinlich, möglich, wahrscheinlich oder sicher hielten. Was die Elfen angeht, so hielten 2007 immerhin 17 Prozent der Befragten die Existenz von Elfen oder versteckten Leuten für wahrscheinlich und 37 Prozent für möglich. Für deutlich wahrscheinlicher noch hielten die Befragten allerdings die Möglichkeit, in die Zukunft schauen zu können, Tote zu sehen oder dass Träume die Zukunft vorhersagen können. In Island ist es tatsächlich nicht unüblich, zu sogenannten »Medien« zu gehen.

Die neue Studie habe ergeben, so Gunnell, dass sich die Situation in den letzten 30 Jahren nur geringfügig verändert habe. Es ist nur ein kleiner Teil, der heute nach 30 Jahren, weniger an die Existenz dieser Dinge glaubt. Oder was heißt »glaubt«. Vielleicht sollte man sagen, der diese Dinge für weniger wahrscheinlich hält.

Gunnell verrät einen noch viel besseren Test, den jeder anwenden kann. Statt die Leute zu fragen, ob sie an Elfen glauben, solle man lieber sagen: Stell dir vor, du hast ein Haus mit einem Garten und in dem Garten ist ein Felsen, an dessen Stelle du gern einen heißen Pott bauen möchtest. Du willst den Felsen entfernen. Aber dein Nachbar guckt über den Zaun und sagt: Du willst den Felsen sprengen? Wir haben gehört, es ist ein Elfenfelsen. Nun die Quizfrage: Wirst du diesen Felsen sprengen? »90 Prozent würden Nein sagen«, glaubt Gunnell. Es ist zwar nicht so, dass die Isländer unbedingt an Elfen »glauben«, »aber irgendetwas könnte schiefgehen«.

Und das sei wirklich nicht abwegig: »Dies ist ein Land, in dem dein Haus geschüttelt und zerstört werden kann, von etwas, das du nicht siehst«, sagt Gunnell. »Bevor ein Erdbeben kommt, spürt man es regelmäßig ein paar Sekunden vorher. Es kommt eine Art Welle. Aber du siehst sie nicht. Du machst den Wasserhahn an und heraus kommt kochend heißes Wasser. Du weißt, dass etwas hier tief unter deinen Füßen kocht. Aber du kannst es nicht sehen. Der Wind in diesem Land kann dich von den Füßen reißen. Im Winter kannst du Nordlichter am Himmel sehen, auf der größten Fernsehleinwand der Welt. Wer macht das? Es ist nicht unnatürlich, dass diese Nation offener ist, an solche Dinge zu glauben«, so Gunnell. Außerdem sei Island sehr schnell ins 20. Jahrhundert gekommen. Viele wuchsen noch mit Großeltern auf dem Land auf, die Geschichten von »versteckten Leuten« erzählten, aus der Zeit bevor das elektrische Licht kam. Es ist ein bisschen wie mit dem Weihnachtsmann, glaubt der Professor. Du möchtest den Kindern hier das Gefühl für die Natur vermitteln. »Dass da etwas sehr Mächtiges ist. Das ist keine schlechte Sache«, findet er.

Und dann hält er mir einen Spiegel vor: Viel interessanter als die Tatsache, dass manche Isländer diese Dinge für möglich halten, finde er die Tatsache, dass ihn ständig ausländische Reporter anrufen. Er sagt dann immer: »Es sind nicht die Isländer, die besonders sind, sondern es ist der Fakt, dass ihr euch dafür interessiert. Warum kommt ihr her und fragt danach? Weil es etwas ist, das andere Länder längst verloren haben, durch Rationalismus, die Kirche, die Wissenschaft.« Auch die Popularität vom Tolkien-Epos *Herr der Ringe* erzähle davon. »Da ist eine Fantasie, ein Traum, den wir verloren haben. Dabei lieben Menschen Träume und Zauber, sie finden sie aufregend. Deshalb kommen die Journalisten her«, sagt Terry Gunnell. »Weil ihnen etwas fehlt.«

Keine Antwort von Vigdís und Jón

Doch die Elfen sind nicht das Einzige, was mir fehlt. Es sind auch die Antworten auf meine Anfragen für die Interviews mit Vigdís Finnbogadóttir und dem Bürgermeister Jón Gnarr. Ich hatte bereits Vigdís alte Nummer gewählt. Doch es ging jemand anderes dran. Ein Mann, der kein Englisch sprach. Die Nummer war offensichtlich nicht aktuell. Also stellte ich per Mail eine offizielle Interviewanfrage an das Fremdsprachen-Institut an der Universität von Island, das Vigdís ins Leben gerufen hat. Bei uns und in den meisten anderen Ländern macht man das als Journalist so – eine freundliche, offizielle Interviewanfrage stellen –, wenn man gern einen Gesprächstermin haben möchte. Vigdís' Assistentin sagt mir am Telefon, sie werde meine Anfrage weiterleiten. Aber ich habe keine Antwort. Noch immer nicht. Seit Tagen.

Auch von Jón Gnarr habe ich nichts weiter gehört, außer dass es schlecht aussehe. Der Bürgermeister sei gerade in New York, sagte sein Assistent, seinen neuen Film auf dem Tribeca Filmfestival vorstellen und auch ansonsten sehr beschäftigt. Verdammt.

Und ich habe nur noch eine Woche in Island. Wie konnte das passieren? Die Dinge liefen hier doch sonst so einfach und unkompliziert. Langsam mache ich mir Sorgen. Nicht zuletzt, weil mein Verlag in der Vorschau für mein Buch schon ein Kapitel über den Bürgermeister angekündigt hat. Könnt ihr machen, hatte ich gesagt. Das klappt garantiert. Aber jetzt sah es plötzlich nicht mehr so aus.

Immerhin antwortet Andri Snær Magnason. Der 38-Jährige ist derzeit einer der bekanntesten Autoren Islands. Oder sagen wir es so: Für mich ist er das beste Beispiel einer isländischen Kreativitätskanone, die eine unkonventionelle Idee nach der anderen abfeuert. Bekannt wurde Andri etwa dafür, dass er mit 23 Jahren einen Gedichtband für die Supermarktkette »Bónus« schrieb. Bónus muss man dazusagen, ist das isländische Pendant zu unserem Aldi. Das Logo kennt jeder Islandreisende: Es ist ein grinsendes, pinkfarbenes Sparschwein auf gelbem Untergrund. Andri hatte den genialen Einfall, ein Buchcover daraus zu machen, »Bónus Gedichte« darüber zu schreiben und den Supermarkt-Besitzer zu fragen, ob man seine Gedichte nicht bei ihm verkaufen könne. Es sollte vor allem ein literarischer Bubenstreich sein. Denn es war das Jahr 1996 und die Medien prophezeiten gerade den Untergang der Poesie. Worauf der Autor mit Discounter-Gedichten antworten wollte, Konsumenten-Lyrik für den Alltagsleser. Der Inhaber von Bónus sagte Okay. Und so machten sie einen Vertrag, wie er im Lebensmittelgewerbe üblich ist: Andri bekam 50 Prozent vom Ladenpreis und musste sich im Gegenzug dazu verpflichten, zu haften, falls sein »Produkt« Schaden anrichten würde.

Schon schrieb er los. Andri lehnte seine Gedichte an Dantes »Göttliche Komödie« an und so kamen darin sowohl die Hölle (die Fleischabteilung), die Läuterung (die Reinigungsartikel) und das Paradies (die Obstabteilung) vor. Andri dichtete Zeilen über den Schlachter, der die Buletten für die Hamburger herstellt, und auch darüber, dass der Supermarkt ihn selbst bereits durchdrungen hatte, weil Bónus-Ketchup durch seine Adern fließt. Der Gedichtband richtete keinen Schaden an. Im Gegenteil. Er wurde ein Bestseller und war bald ausverkauft. Ein paar Jahre später brachten sie ihn noch einmal heraus, dieses Mal erweitert um einen Slogan, den man von Discountern kennt. Auf dem Titel stand in großen Lettern: »33 Prozent mehr Gedichte«.

Überhaupt sprengt Andri immer wieder alle Erwartungen und Genres. Nach der Supermarkt-Lyrik schrieb er ein Kinderbuch. Auf die Idee kam er, als er seinen eigenen Kindern Gutenachtgeschichten vorlas, darunter eine, in der ein Bär einen Fisch wieder freilässt, weil er ihn nicht töten möchte. Stattdessen schlägt er seinen Freunden im Buch vor, lieber einen »Hotdog« essen zu gehen. »Keine Fische töten, aber Hotdog essen? Läuft da nicht irgendetwas falsch?«, fragte sich Andri und hörte sich fortan alte isländische Reimgedichte an, die die isländischen Omas den Kindern früher zum Schlafengehen vortrugen. Dabei stellte er fest, dass die mitunter ziemlich gruselig waren, aber dass das den Kinder trotzdem nicht geschadet hatte. Sie vertrugen offensichtlich mehr, als man dachte. Vielleicht sollte man sie also besser ernst nehmen?, überlegte Andri, setzte sich hin und schrieb ein Kinderbuch. Es heißt *Die Geschichte vom blauen Planeten* und handelt von einem Planeten, auf dem nur Kinder leben. Allerdings gerät der Planet eines Tages in Gefahr, als ein Erwachsener namens Gaudi Galaktisch dort landet. Gaudi bringt das Leben der eigentlich sehr glücklichen Kinder durcheinander. Er verführt sie mit Geschenken und großen Versprechungen und zapft im Gegenzug ihre Jugend an. Es geht letztlich um die Ausbeutung der Erde, auf der man lebt, um den Verlust der Unschuld und die Blindheit, die übermäßiger Konsum mit sich bringt. Beinahe kommt es zum Krieg. Liest man das Buch im Angesicht der Wirtschaftskrise, hält man Andri fast für einen Propheten. Doch er erzählt mir, dass er das Buch 1999 während der New-Economy-Blase geschrieben hat.

Ein paar Jahre später dann brachte Andri den Roman *Love Star* heraus. Es ist ein abgefahrenes und humorvolles Science-Fiction-Stück, das davon erzählt, was passiert, wenn Marketing und neue Technologien die Welt regieren. Im Mittelpunkt steht ein isländisches Mega-Unternehmen, dessen irrer Firmenchef die Träume der Menschen entschlüsselt, den Tod als Spektakel vermarktet und die Liebe wissenschaftlich organisiert.

Dann wechselte Andri wieder das Genre: 2006 erschien sein Werk *Traumland – ein Selbsthilfebuch für eine verängstigte Nation*, das ganz Island las. Es ist ein Sachbuch, das davon erzählt, wie es dazu kommen konnte, dass Islands Regierung sich auf den Bau ewig neuer Aluminiumschmelzen und schlechte Deals mit ausländischen Unternehmen einließ. Vehement prangert der inzwischen auch zum Umweltaktivisten gewordene Autor den Ausverkauf der Natur an und appelliert an die Isländer, neuere, bessere Lösungen für Probleme wie die Landflucht durch Arbeitsplatzmangel zu finden. Die Sängerin Björk schrieb das Vorwort. In der deutschen Version steht: »Dieses Buch schlug ein wie eine Bombe, als es in Island erschien. Die Politiker hatten unsere Natur ohne unsere Zustimmung als billige Energiequelle an die Industriegiganten der Welt verhökert. Das isländische Volk war stinksauer. Wir hatten keine Chance, uns zu verteidigen. Oder unsere Natur. Wir konnten unseren Zorn über diese Ungerechtigkeit nicht in Worte fassen. Bis auf Andri.« In *Traumland* geht es vor allem um den umstrittenen Kárahnjúkar-Staudamm oberhalb des Riesengletschers Vatnajökull. Für die Inbetriebnahme des Megadamms wurde 2006 ein großes Areal unberührter Natur geflutet und somit vollkommen zerstört. Die Politiker waren damals überzeugt, das sei umbedingt notwendig – um das neue Aluminiumkraftwerk in Reyðarfjörður in den Ostfjorden mit Strom zu versorgen und neue Arbeitsplätze zu schaffen.

Ich frage mich, was Andri wohl als Nächstes plant. Auf meine Interviewanfrage antwortet er: »Am Dienstag ist eine Kunstauktion in Reykjavík. Die Kunstwerke werden verkauft, um eine Naturschutzstiftung zu unterstützen, die ich mitgegründet habe. Komm doch einfach vorbei! Das Interview können wir am Tag darauf machen.«

Am Dienstag gehe ich also auf die Kunstauktion. Und wie der isländische Zufall es so will, steigt, als ich gerade die Stufen zum weißen Kulturhaus in der Hverfisgata 15 auf der einen Seite hochgehe, auf der anderen Seite eine elegante Dame die Treppe hinauf. Ich erkenne sie sofort und ich weiß, dass jetzt der Moment gekommen ist, in dem ich zur Tat schreiten muss. Ich lächele sie an. Sie lächelt zurück. Wir gehen gemeinsam in das Gebäude. Nachdem sie ihren Mantel an die Garderobe gehängt hat, wage ich es, sie anzusprechen. »Hallo Frau Finnbogadóttir«, sage ich, »ich bin übrigens die, die Ihnen die Interviewanfrage per Mail gesendet hat.« – »Oh, du bist das!«, sagt die 81-Jährige freundlich. »Tut mir leid, dass ich noch nicht geantwortet habe. Ich habe ziemlich viel zu tun, weißt du!«

Sie fragt nach, worum es noch mal ging. Dann sagt die ehemalige Präsidentin entschlossen: »Zuallererst schreibst du jetzt mal meine private Telefonnummer auf.« Ich zücke meinen Block und sie diktiert mir ihre Nummer. Dann sagt sie: »Zeig noch mal her«, überprüft die Zahlen und als alles richtig ist, fügt sie hinzu: »Ruf mich Donnerstag um 12 Uhr an. Dann sehen wir, was ich für dich tun kann.« Dazu muss man sagen, dass jener Tag Gründonnerstag ist, und das ist in Island ein Feiertag.

Ich bedanke mich, gehe in den Saal, in dem die Auktion stattfinden soll, und schaue nach Andri Snær Magnason. Er trägt Jeans und ein Jackett. Obwohl er selbst schon Vater von vier Kindern ist, hat im Gesicht aber selbst noch etwas von einem schelmischen Jungen. Ich gehe zu ihm hin und begrüße ihn. Da tippt mir jemand von hinten auf die Schulter. Es ist Vigdís. »Hast du ihn schon interviewt?«, fragt die ehemalige Präsidentin und zeigt auf Andri. Ich sage: »Morgen.« Vigdís scheint zufrieden, denn die beiden kennen sich gut.

»Setz dich doch neben uns«, sagt Andri zu mir. Und Vigdís sagt: »Dann setz ich mich neben dich und du kannst mir deine Fragen stellen.« Und so sitze ich, ehe ich mich versehen kann, zwischen einem meiner isländischen Lieblingsautoren und der ehemaligen Präsidentin und manchmal beugen die beiden sich über mich rüber und stecken die Köpfe zusammen, wenn sie miteinander sprechen wollen. Direkt vor meiner Nase.

Ich bin allerdings nervös, denn normalerweise bereite ich mich auf Interviews vor – und jetzt muss ich mir die Fragen spontan einfallen lassen. Ich stelle die erste noch bevor die Auktion beginnt. »Warum waren ausgerechnet die Isländer so fortschrittlich, dich 1980 als weltweit erste Frau zur Präsidentin einer Demokratie zu wählen?«, frage ich Vigdís. Es fühlt sich komisch an, eine ehemalige Präsidentin zu duzen, die noch dazu eine elegante, wenn auch lässige Dame ist. Sie trägt schwarze Turnschuhe zur schwarzen Hose, dazu einen schicken Blazer und sie umweht noch immer die Aura einer Staatsfrau. Sie sagt: »Es war keine Offenheit, es ist vielmehr einfach so passiert.«

Dann erzählt Vigdís vom Weltfrauentag 1975, an dem die Isländerinnen teilnehmen wollten, indem sie ihre Arbeit niederlegten und mehr Frauenrechte forderten. Auch Vigdís war dabei. »Das war sehr beeindruckend«, erinnert sie sich, »weil an diesem Tag alles stillstand.« Fabriken schlossen, weil zu viele Arbeiterinnen fehlten, Banken schlossen, weil niemand an den Schaltern saß, Läden schlossen, weil die Verkäuferinnen nicht kamen, genauso wie Restaurants, weil es niemanden gab, der das Essen servierte. Besonders lustig war es im Radio, da hörte man im Hintergrund Kinder schreien, weil die Moderatoren sie mit zur Arbeit nehmen mussten – denn die Kindergärtnerinnen streikten ja auch. »Höhere Mächte waren mit uns«, sagt Vigdís und grinst. »Plötzlich zeigte sich, wie wichtig die Frauen in Island waren und dass es ohne uns nicht ging.«

Als dann fünf Jahre später die Präsidentenwahl anstand, sagten sich die Frauen: »Jetzt müssen wir etwas tun. Wir müssen unbedingt eine Kandidatin aufstellen.« Und viele dachten dabei an Vigdís, die zu dieser Zeit die Leiterin des Stadttheaters war und die man außerdem schon aus dem Fernsehen kannte. Denn Vigdís, die in Frankreich studiert hatte, brachte ihren Landsleuten im Fernsehen in einer eigenen Sendung Französisch bei. Manche Leute schlugen sie prompt in Leserbriefen vor, die im *Morgunblaðið* abgedruckt wurden. Vigdís wusste gar nichts davon, bis einer ihrer Schauspieler zu ihr kam und fragte, ob sie wirklich Präsidentin werden wolle. »Nei, nei«, sagt sie entschieden. »Ich habe natürlich abgelehnt.« Denn damals dachte sie: »Ich habe doch keine Ahnung davon.«

Doch dann geschah etwas Ungewöhnliches, das Vigdís' Entschluss ins Wanken brachte. Sie bekam ein kurzes Telegramm, auf dem lediglich stand: »Wir, die Unterzeichnenden, appellieren an Sie, für das Amt des Staatspräsidenten Islands zu kandidieren … Die Besatzung der Guðbjartur ÍS.« Vigdís dachte: »Wenn jetzt auch die Fischer mich dazu auffordern, kann ich eigentlich nicht mehr Nein sagen.« Und so ließ sie sich am Ende überreden und nahm das Amt an.

In diesem Moment beginnt die Auktion und so habe ich ein wenig Zeit, mir Vigdís' Werdegang noch einmal vor Augen zu führen. Ihr Vater war Ingenieur und Uni-Professor, ihre Mutter Krankenschwester und Vorsitzende des Berufsverbandes. Während der Weimarer Republik arbeitete die Mutter in Berlin. Den Zweiten Weltkrieg verfolgten Vigdís' Eltern mit Sorge – und indem sie zu Hause eine Europakarte aufhängten und mit Nadeln genau festhielten, was passierte. Später studierte Vigdís in Frankreich, in Grenoble und an der Pariser Sorbonne, Literaturwissenschaften. Dabei fuhr sie mit dem Zug durch Deutschland und sah, wie zerstört es war. Das machte sie zur Pazifistin, sagt sie. Später studierte sie Theaterwissenschaften in Kopenhagen. Sie arbeitete nicht nur als Französischlehrerin und als Leiterin des Stadttheaters, sondern zwischendurch auch als Reiseführerin.

Als sie während ihres Wahlkampfes durch Island reiste, erzählte sie einmal bei einer Lesung, war sie nie in einem Hotel und nie in einem Restaurant, sondern hat immer bei den Landsleuten gegessen und übernachtet. Welcher Politiker kann das schon von sich behaupten?

Am Wahltag wurde ihr doch etwas mulmig. Insgeheim wünschte sie sich, auf Platz zwei zu landen. Dann hätte sie die Frauen gut vertreten, müsste aber das Amt nicht übernehmen. In der Wahlnacht war sie vom Wahlkampf so müde, dass sie sich ins Bett legte und einschlief, während die Stimmen ausgezählt wurden. Früh am Morgen wurde sie von einer guten Freundin geweckt. »Es sieht so aus, als seist du Staatspräsidentin«, sagte die und fügte hinzu: »Du musst gleich ins Fernsehstudio.« Sie war zur Präsidentin gewählt worden – und ziemlich überrascht.

Vigdís ging ins Bad, drehte sich die Haare auf Lockenwickler und fragte ihr Spiegelbild: »Glaubst du wirklich, du kannst das machen?« Na ja, und dann »ging das Ganze eben los«.

Während des Wahlkampfs, gab es allerdings auch heftigen Widerstand gegen Vigdís' Kandidatur. Nicht wenige fanden, es wäre unpassend für eine Frau, sich so hervorzutun. Einige ehemalige Schulkameraden lachten anfangs sogar, als sie hörten, dass sie kandidieren würde. Außerdem war sie geschieden, alleinstehend und noch dazu alleinerziehende Mutter. Denn Vigdís, die sich immer Kinder gewünscht hatte, hatte 1972 ein Mädchen adoptiert. Damit war sie übrigens auch die erste alleinstehende Isländerin, die eine Erlaubnis zur Adoption bekam. Aber nicht nur das wurde ihr zum Vorwurf gemacht. Auch die Tatsache, dass sie einst gegen den NATO-Stützpunkt protestiert hatte. Was sich, wie Gegner meinten, für ein Staatsoberhaupt nicht gehörte. Aber Vigdís wehrte sich tapfer: »Wenn ich verheiratet wäre, stünde ich heute nicht hier«, sagte sie. Und: »Ich bin nicht sicher, ob irgendein Mann in meinem Alter bereit wäre, sein bisheriges Leben aufzugeben, um seiner Frau nach Bessastaðir, in den Präsidentensitz, zu folgen.«

Während der Auktion lehnt sich Vigdís zu mir rüber: »Ich bin stolz auf meine Landsleute, dass sie den Mut hatten, eine Frau zu wählen«, sagt sie und verkehrt, ganz Staatsfrau, das Lob für sie in ein Lob für ihre Leute. Nachdem die Auktion vorbei ist, sagt Andri zu mir: »Wir können das Interview eigentlich auch jetzt machen.« Da tippt Vigdís mich an. »Hat er gerade gesagt, dass ihr jetzt das Interview machen könnt?« Ich sage: »Ja.« Und Vigdís: »Das wollte ich auch gerade vorschlagen.«

Und so bleibe ich erst mal noch einen Moment mit Vigdís auf den Stühlen sitzen. Sie erzählt mir, dass es vor allem die jüngeren und die älteren Frauen waren, die sie gewählt hätten, nicht ihre

Altersgenossinnen. Weil die es sich selbst nicht zugetraut hätten, trauten sie es auch einer ihresgleichen nicht zu. Später aber seien viele Frauen auf sie zugekommen und hätten gesagt: »Verzeih mir, dass ich dich nicht gewählt habe.«

Vigdís hatte es trotzdem geschafft. Und nachdem sie 16 Jahre im Amt war und die Wahl eines neuen Präsidenten anstand, soll ein kleiner Junge, so die Legende, der die Kandidaten im Fernsehen sah, seine Mutter gefragt haben: »Mami, können auch Männer Präsident werden?« Sogar als Reagan und Gorbatschow 1986 ihr Gipfeltreffen in Reykjavík abhielten, zeigten sich manche isländischen Kinder angeblich verwundert, dass sie keine Frauen waren. Ach ja – Reagan und Gorbatschow! Wie war es, die beiden hier in Island zu treffen und mit ihnen zu reden? »So wie mit dir«, sagt Vigdís charmant. Ich bohre nach: »Stimmt es, dass es in Höfði, dem Haus, in dem sie tagten, spukt?« Vigdís grinst: »Nun, das ist alles eine Frage der Betrachtung«, sagt sie. »Man könnte natürlich auch meinen, dass es die alten Dielen sind, die knarzen. Aber ich glaube, dass wir offen bleiben sollten für die Dinge, die nicht bewiesen sind.« Womit sie übrigens eindeutig meint, dass es nicht bewiesen ist, dass dort KEIN Geist lebt. »Schließlich war es doch genau das, gepaart mit der Dunkelheit der langen Winter, was all diese wunderbare Literatur hier hervorgebracht hat. Versteckte Wesen waren überall, in den Klippen und an den Berghängen, und die Großmütter erzählten den Kindern davon. Sagten: ›Geh da nicht hin, das ist gefährlich!‹ Oder: ›Pass auf, da leben Elfen!‹ Ich möchte diese Geschichten um nichts in der Welt verlieren«, plädiert die ehemalige Präsidentin für die Elfen. Denn es ginge doch darum, die Kultur, die Mythen und die Erinnerungen an die Vergangenheit zu hüten. »Weil das künstlerische Kreativität ist!«, sagt Vigdís, die sich auch sehr für die Erhaltung der isländischen Sprache einsetzt. »Das war Kunst!

Jahrhundertelang waren die Isländer so arm. Aber sie hatten immer noch ihre Sprache und konnten mit den Worten etwas kreieren. Sie sahen etwas Geheimnisvolles und kleideten es in Geschichten. Das sollten wir auf keinen Fall verlieren.«

Was die Isländer außerdem ausmacht?, frage ich noch. Vigdís überlegt. »Sie sind ihrem Land sehr treu. Einmal ein Isländer, immer ein Isländer.« Dann sagte sie, dass sie manchmal ein wenig besorgt sei, dass sich das ändern könnte. Durch die Krise im Land hat es mehr Konflikte gegeben. »Wir haben uns früher immer alle vertraut. Vielleicht zu sehr. Wir haben nicht gut genug aufgepasst«, sagt Vigdís. Nun gäbe es eine Wut auf diejenigen, die das alles angerichtet haben. Das sei nicht gut. Weil Niederlagen Unsicherheit hervorrufen. Dabei brauche man jetzt genau das Gegenteil: das Selbstbewusstsein, offen und fair zu diskutieren. »Vielleicht sind die Entwicklungen in Island zu schnell gegangen«, meint Vigdís. »Man sollte die Vergangenheit nicht vergessen. Es hat viel Tatkraft und Durchhaltevermögen gekostet, dieses Land aufzubauen.«

Wir reden noch ein bisschen über die Island-Sagas. Dann verabschieden wir uns und Vigdís sagt, ich könne sie anrufen, wenn ich noch Fragen hätte.

Was Island mit dem Himalaya zu tun hat

Ich gehe zu Andri, der sich im Auktionsraum noch mit ein paar Leuten unterhält. Er fragt: »Hast du auch Hunger? Wir können ja etwas essen gehen.« Ich sage: »Gern, ich habe bloß ein Problem: Mein Schreibblock ist voll.« Denn ich hatte an diesem Abend gar nicht mit einem Interview gerechnet und den letzten Platz auf meinem Schreibblock mit den Antworten von Vigdís gefüllt. »Kein Problem.« Andri hält mir seinen Auktionskatalog hin, der ein paar weiße Seiten hat.

Wir gehen ins Kaffi Sólon um die Ecke, bestellen Lachs mit Soße, Salat und Kartoffeln. Während Andri erzählt, beobachte ich ihn dabei, wie er das Essen auf seinem Teller umdrapiert. Dieser Mann scheint alles, was er in die Hände bekommt, auseinanderzunehmen und neu zu gestalten.

Wie er das macht – so viele verschiedene Genres zu bedienen, frage ich ihn. »Viele Isländer machen das«, sagt er und erzählt, dass fast alle isländischen Schriftsteller mit Lyrik angefangen hätten. Er überlegt, dann sagt er, er fände es auch ziemlich komisch mit einem Roman anzufangen, ohne vorher je Gedichte geschrieben zu haben. Ob das typisch Isländisch sei? »Ich glaube, Genre-Surfen ist hier einfacher. Weil Multitasking bei uns recht üblich ist.« Die isländischen Dichter aus dem 19. Jahrhundert schrieben ebenso Märchen wie Gedichte als auch politische Essays, erzählt er. Auch Laxness schrieb Gedichte, Theaterstücke, Drehbücher, Sachbücher und Essays. »Für mich ist das natürlicher«, meint Andri. Auch seine heutigen Schriftstellerkollegen wie Sjón, Hallgrímur Helgasson, Einar Már Guðmundsson und Kristín Steinsdóttir wechseln zwischen den Sparten. Manchmal gehen sie sogar in die bildende Kunst. Er mag die Freiheit, die dahintersteckt, und schwärmt von der Magie, wenn Dinge sich miteinander verbinden und man als Schriftsteller nur noch dasitzen muss und die Ideen einfangen.

So hat er aus seinem Sachbuch *Traumland* inzwischen auch einen Dokumentarfilm über die Hintergründe des Staudammbaus gemacht. Und gerade erst heute kam ihm die Idee einer isländischen Rockband zugeflogen, seinen Roman *LoveStar* zu einem Musical zu verarbeiten. Er grinst: »Vielleicht wird es ja die nächste *Rocky-Horror-Picture-Show*!«

Woher er seine Ideen bekommt? Er sei ein großer Fan davon, bisher ungenutzte Möglichkeiten zu entdecken und aus offensichtlichen Dingen etwas Unerwartetes herauszuholen, antwortet Andri. Deshalb ist es immer interessant, zu fragen, woran er gerade sitzt. Er schreibe wieder an einem Märchen, erzählt er. Es handele von einem König, der es ungerecht findet, dass er nur die gleiche Zeit zum Leben hat, wie seine Untertanen – und nicht mehr. Denn eigentlich würde er gern alle Weine der Welt trinken und in allen Schlössern dieser Welt übernachten, aber dafür fehlt ihm einfach die Zeit. Außerdem wünscht er sich, dass seine Tochter, die wunderschöne Prinzessin, für immer leben kann.

Also verspricht der König demjenigen, der es schafft, ihm mehr Zeit zu geben, die Hälfte seines Königreichs. Und so kommen allerhand Untertanen – und sie alle versuchen, die Zeit anzuhalten. Aber niemand hat eine Lösung parat. Bis ein paar Zwerge die Lösung präsentieren. Und die wird im Laufe der Geschichte natürlich missbraucht. Man darf nicht zu viel verraten, aber im entferntesten Sinne hat es auch mit Wirtschaftskrisen zu tun. Andri Snær Magnason heckt also gerade das nächste Ding aus, über das alle werden nachdenken müssen.

Fragt sich nur, woher er sie hat, diese blühende Fantasie und das Gespür für Verbindungen in alle Richtungen? Aus einer Familie von Schriftstellern kommt Andri jedenfalls nicht. Unter seinen Verwandten gab es allerdings einige mit außergewöhnlichen Verbindungen. Sein Großvater, Björn Thorbjarnarson etwa, war Chefchirurg am New York Hospital und außerdem Professor an der Cornell University. Er operierte den iranischen Schah, Robert Oppenheimer und Andy Warhol. Und auch die Schwester seines Großvaters hatte einen interessanten Lebenslauf: Sie war das Au-Pair im Hause von J.R.R. Tolkien – zu der Zeit als dieser gerade *Der kleine Hobbit* schrieb. Damit nicht genug: John Thorbjarnarson, sein Onkel und Sohn des Großvaters, der den Schah operierte, war ein weltbekannter Krokodilspezialist in Amerika.

Außerdem fand auch Andri kürzlich heraus, wie eng Island doch mit dem Rest der Welt verbunden ist. Das war, als er die Chance hatte, den Dalai Lama zu interviewen. Sie sprachen über nordische Mythologie und über heilige Kühe und da entdeckte Andri etwas Erstaunliches: In der Edda gibt es eine Kuh mit Namen »Auðhumla«. »Humla« bezeichnet aber auch eine Gegend am Berg Kailash im Himalaya, den viele für einen spirituellen Ort halten. In seiner unmittelbaren Umgebung entspringen nämlich die vier großen Flüsse des südasiatischen Raums. Und das passt wiederum dazu, dass aus dem Euter der Kuh Auðhumla vier Ströme aus Milch rinnen. Womit bewiesen ist, dass Island literarisch mit dem Himalaya verbunden ist! Andri sprudelt. Und würde man ihn nicht stoppen, kämen noch mehr Geschichten. Er scheint eine unerschöpfliche Quelle zu sein.

Aber ich flehe langsam um Gnade. Andri fragt: »Wird das langsam unglaubwürdig?« Ich sage: »Ich kann nicht mehr, außerdem ist der Ausstellungsprospekt jetzt auch vollgeschrieben.« Er lehnt sich zurück und schmunzelt zufrieden: »Mach dir keine Sorgen. Ich glaube, ich werde jetzt kein Soloalbum rausbringen oder so was.« Ich denke: da weiß man nie.

Die Rocker im Rathaus

Weil in Island ja so gut wie jeder mit jedem verbunden ist, bekomme ich von Andri Snær die E-Mail-Adresse von Einar Örn Benediktsson. Einar spielte in den 1980ern zusammen mit Björk bei den *Sugarcubes*, war Sänger und Trompeter und fiel dort vor allem durch eigentümlichen Gesang auf. Heute spielt er längst in einer neuen Band, die *Ghostigital* heißt, außerdem ist er Mitinhaber des Plattenlabels *Smekkleysa*, was übersetzt so viel wie »schlechter Geschmack« bedeutet. Aber das ist noch nicht alles. Er ist seit Mai 2010 Kulturdezernent im Rathaus von Reykjavík, denn er gehört ebenfalls zur Künstlerpartei Besti Flokkurinn. Ich schreibe ihm also gleich nach dem Treffen mit Andri eine Mail. Meine Freunde in Island sagen, ich sei schon isländisch geworden, mit meiner Interviewplanung. Aber mir rutscht langsam das Herz in die Hose. Denn ich hätte sehr gern ein Interview mit den Künstlern aus dem Rathaus. Aber einfach ist es nicht. Ich höre auch nichts von Einar Örn. Tagelang. Bis ich irgendwann keinen anderen Ausweg mehr weiß. In Island bekommt man Interviews nun mal nicht unbedingt auf dem gewöhnlichen Weg, sondern manchmal eher durch Zufall. Was kann ich also tun, um dem Zufall auf die Sprünge zu helfen? Mich ins Rathaus am Stadtsee setzen und sehen, was passiert! Denn das Rathaus ist immer offen. Dort gibt es sogar ein nettes Café mit Seeblick und ein riesiges 3-D-Modell von Island. Ich gehe hin. Etwa eine halbe Stunde lang passiert nicht viel.

Dann schlurft ein Typ in schwarzer Jeans, mit schwarzem Pulli, schwarzem Schal, schwarzem Käppi auf dem *Ghostigital* steht und Telefon am Ohr aus dem Fahrstuhl in Richtung Seitenausgang. Er sieht eher aus wie ein Rockstar als wie ein Politiker. Jedenfalls die, die mir so bekannt sind. Weil ich mir nicht hundertprozentig sicher bin, ob er es ist, flitze ich zum Rezeptionisten und flüstere: »Ist das Einar Örn Benediktsson?« Er nickt und ich gehe dem Typ hinterher. Ganz ehrlich, das habe ich noch nie gemacht. Normalerweise verabrede ich brav Interviewtermine. Aber wenn es nicht anders geht, dann geht es eben nicht anders. Einar Örn steht gerade vor der Tür des Rathauses und dreht sich eine Zigarette, als ich ihn anspreche. Ich sage: »Hi Einar, ich hab dir eine E-Mail geschrieben. Ich wollte fragen, ob ich dich irgendwann die Tage interviewen kann.«

Er guckt mich an, etwas müde sieht er aus. »Gleich schickt er mich zum Teufel«, denke ich. Aber Einar Örn sagt: »Ja, okay, wie wäre es jetzt?« – »Klar«, an derartige Spontanzusagen bin ich ja bereits durch Vigdís gewöhnt. Wir gehen in ein Café um die Ecke. »Kompliment. Spaß-Parteien kennt man auch aus anderen Ländern. Aber normalerweise werden die nicht gewählt. Wie habt ihr das geschafft?« Einar Örn trinkt Ginger Ale, lässt sich Zeit für seine Antworten und spielt zwischendurch mit seinem Totenkopfring. »Nun, es gibt ein paar Faktoren, die dazu beigetragen haben. Nach dem Finanzcrash im Oktober 2008 fragten alle nach einem ›neuen Island‹. Nach Transparenz. »Ich denke, die Tatsache, dass wir gewählt wurden, hat vor allem damit zu tun, dass die Leute gegen die alte Regierung waren. Dass die Leute dachten: ›Lasst uns den Politikern eine Lektion erteilen!‹«

»Habt ihr damit gerechnet, gewählt zu werden?«, möchte ich von ihm wissen.

»Wir haben nie darüber nachgedacht, was passieren würde, wenn wir gewählt würden«, antwortet Einar Örn. Sie seien in erster Linie eine Aktivisten-Gruppe gewesen, um nicht passiv dazustehen. Jetzt würden sie versuchen, die Politik menschlicher zu gestalten. Anders zu reden als die Politiker vor ihnen, zum Beispiel. Wie normale Leute. Und da merke ich es erst: Es ist tatsächlich ein ganz ruhiges Gespräch. Er haut mir keine Parolen um die Ohren, wie Politiker es gerne tun. Es ist vielmehr eine Unterhaltung mit einem Künstler, der sich Gedanken macht.

»Wem gehört eigentlich die Politik?« Auch diese Debatte wollten sie herausfordern, erklärt Einar Örn. Und jetzt gehöre sie glücklicherweise eben nicht mehr bloß den alten Parteien. Jetzt können auch andere etwas tun und Lösungen finden. Einar Örn ist ernst: »Wir haben zwar in unserer Kampagne gesagt, dass wir für offene Korruption sind. Aber das sind wir natürlich nicht. Wir sind gegen Korruption.« Was das angeht ist die Besti Flokkurinn unbescholten: »Wir haben keine Geschichte von Leichen im Keller«, sagt er und auch keine alten Parteiverbindungen, die sie beschränken. Sie können also wirklich frei darüber nachdenken, was zu verändern ist.

Nach der anfänglichen Begeisterung würde ihnen zurzeit manchmal vorgeworfen, sie seien inkompetent, erzählt Örn. Dass sie mit bestimmten Themen nicht umgehen können, weil sie nicht wissen, wie die Dinge laufen. Aber er meint: »Wir arbeiten eben auf andere Weise.« Als Künstler sei das doch ein großer Teil der Arbeit, Lösungen zu finden. Heute entscheide er über Kultur und Tourismus. »In dem Bereich arbeite ich seit über 30

Jahren. Ich weiß, wo ich herkomme. Und ich weiß, wie ich Dinge machen kann. Das ist mir nicht fremd.«

»Aber ihr müsst jetzt auch unpopuläre Entscheidungen treffen, Sparmaßnahmen durchsetzen.« – »Ja«, sagt Einar Örn. »Aber diese Entscheidungen basieren auf Fakten und Wissen, und so fällen wir eben auch solche Entscheidungen, weil sie gefällt werden müssen. Es ist wie ein neues Projekt. Und wir tun unser Bestes.« Manche Leute würden zu ihnen sagen: »Jetzt seid ihr an der Macht«, sagt der Sänger. »Aber wir sehen es nicht als Macht. Wir sehen es als Werkzeug, um Dinge zu tun. Wir versuchen, offen und naiv zu sein. Und gut.« Dazu gehöre auch, ehrlich zu sein. Als kürzlich eine chinesische Delegation nach Reykjavík kam, überreichte Bürgermeister Jón Gnarr ihnen beispielsweise einen Brief, in dem er gegen die Inhaftierung des Friedensnobelpreisträgers Liu Xiaobo protestierte, erzählt Örn. Und die Delegation machte kehrt.

»Im Grunde ist es wie Schachspielen lernen«, sagt Einar Örn. »Wenn du Schachspielen willst, musst du erst lernen, welche Figur sich wie bewegen kann. Dann kannst du es. Wir lernen im Moment noch, wie sich die Figuren bewegen. Aber wir werden bald sehr gut Schach spielen. Die letzten elf Monate waren ein großer Lernprozess.« Dann muss er langsam gehen. »Und du willst auch mit Jón sprechen?«, fragt er noch. »Das wär toll.« – »Ich sehe mal, was ich da tun kann.« Dann verschwindet er mit Worten, die für einen Rockstar erstaunlich klingen. »Ich muss los, zur nächsten Sitzung ins Rathaus.«

Zwanzig Minuten später klingelt mein Telefon. Der Assistent von Jón Gnarr ist dran. »Du möchtest unseren Bürgermeister interviewen?« – »Ja, das wär schön«, sage ich. »Wir schauen mal, was wir machen können. Er kommt heute erst aus New York zurück. Wir rufen dich an.«

Bobbys Buchladen

Jetzt, wo Einar Örn das Schachspiel erwähnt hat, fällt mir noch etwas ein, was ich noch machen wollte. Mich auf die Spuren von Schachlegende Bobby Fischer in Reykjavík begeben. Wie schon erwähnt, soll Bobby Fischer mit den Jahren wunderlich geworden sein. Vermutlich weil Genie und Wahn manchmal eben wirklich nah beieinanderliegen. Bobby jedenfalls, der selbst jüdischer Herkunft war, schockte mitunter durch antisemitische Äußerungen. Und selbst die Anschläge des 11. September 2001 begrüßte er in einem Radiointerview. Im Jahr 2004 wurde Fischer am Flughafen von Tokio verhaftet, weil er durch das Revanche-Match 1992 gegen Boris Spasski in Jugoslawien gegen ein US-Wirtschaftsembargo verstoßen hatte. Doch die Isländer gewährten ihm 2005 ihre Staatsbürgerschaft. Seit dem berühmten Duell 1972 zwischen Spassky und Fischer fühlte die schachbegeisterte Nation sich der Spielerlegende verbunden. Die Einbürgerung sei jedoch, wie ein Sprecher des isländischen Außenministeriums deutlich machte »eine rein humanitäre Geste«, während man Fischers politische Ansichten keineswegs unterstütze.

Ab 2005 konnte man Bobby Fischer also durch Reyjkavík laufen sehen. Mein Freund Dagur erzählt, dass man ihn immer im Antik-Buchladen finden konnte, im »Bókin-Antikvariat« in der Klapparstígur, Ecke Hverfisgata. Dort saß er jeden Tag in einer Ecke und las. Also gehe ich in den Laden, von dem mir Dagur lachend erzählt hat, dass er aussehe, »als würden die Taliban dort trainieren«. Und ein bisschen stimmt das wirklich. Der Laden platzt vor lauter alten Büchern aus allen Nähten. Sie liegen kreuz und quer herum. Es ist der unglaublichste Antik-Buchladen, den ich je gesehen habe. Und wen wundert's: Der Besitzer tritt einmal in der Woche in einer Fernsehshow auf, weil er immer so gute Anekdoten zu erzählen hat.

Da er nicht im Laden ist, spreche ich mit seinem Sohn Ari Gísli Bragason. »Jau«, sagt der, »Bobby kam oft hierher.« Er grinst und zeigt mir die Bobby-Fischer-Gedenkecke, die extra für ihn eingerichtet wurde. Es ist ein schlichter Holzstuhl neben einem kleinen Regal mit Schach-Fachlektüre – und einem Buch der Anonymen Alkoholiker, das sich aber möglicherweise nur hierher verirrt hat. »Hier saß er immer und hat gelesen«, sagt Ari Gísli, dessen Finger ganz schwarz sind vom Hantieren mit den alten Büchern. In Bobbys Ecke hängen Schachmedaillen und eine Collage in einem goldenen Rahmen. Sie zeigt ein Bild von Bobbys Kopf auf einem Schachbrett, auf seinem Kopf eine Krone. Darunter steht: »Bobby Fischer, 1943 – 2008, King of Chess, Rest in Peace.« Und das kann man der Legende wahrlich wünschen. Bobby habe immer seine Post von zu Hause mitgebracht, erzählt Ari Gísli. Und er habe sie dann für ihn öffnen müssen, weil Bobby Angst hatte, sie sei vergiftet und man würde einen Anschlag auf ihn verüben. Irgendwann dachte Ari Gísli sich: »Ach, und wenn ich vergiftet werde, dann macht es ihm nichts?« Er grinst. Aber er hat nichts gesagt und die Post trotzdem geöffnet –

denn da war ja nie was. Bobby hätte sich außerdem immer wahnsinnig aufgeregt darüber, wie es im Laden aussah, erzählt Ari Gísli. Jeden Tag hätte er geschimpft und gesagt, dass sie aufräumen müssten. Aber Ari Gísli ist eben ein echter Isländer und die sind nur schwer aus der Ruhe zu bringen. Er habe immer geantwortet: »Wir arbeiten daran, Bobby, wir arbeiten daran.«

Im Januar 2008 starb Robert James Fischer in einem Krankenhaus in Reykjavík an Nierenversagen. Eine Nierentransplantation hatte er abgelehnt. Nicht einmal Schmerzmittel wollte er. Heute liegt er neben einer kleinen Kirche in der Nähe von Selfoss begraben.

Der komische Bürgermeister

Ein paar Tage später habe ich tatsächlich ein Interview mit Jón Gnarr, Reykjavíks berühmtem Bürgermeister. Wir sitzen im dritten Stock des Rathauses mit Blick auf den See, in dem unzählige Vögel aufgeregt flattern und gern einen Höllenlärm veranstalten. Jón sieht ein bisschen müde aus. Sein neuer Job muss anstrengend sein. Dabei hat er bereits Erfahrung mit allen möglichen Rollen. Als Teenager war er Bassist der Punkband *Nefrennsli*, den »triefende Nasen«. Mit 19 Jahren dann schrieb er seinen ersten Roman, ein paar Jahre später eine fiktive Autobiografie mit dem Titel *Der Indianer*. Eine Zeit lang fuhr er Taxi in Reykjavík, dann wurde er Schauspieler und Komiker – und zwar der beliebteste des Landes. Außerdem ist er Vater von fünf Kindern.

Zu Beginn unseres Gesprächs erzählt Jón von seiner Faszination für den Zirkus. »Da hast du zum Beispiel den Zirkusdirektor. Der macht eigentlich nicht wirklich etwas, außer dass er den Leuten signalisiert, wann sie etwas tun sollen. Aber«, führt er fort – und das findet er interessant, »wenn alles außer Kontrolle gerät, wenn jemand hinfällt, einen Unfall hat oder etwas nicht funktioniert, ruft der Zirkusdirektor die Clowns herein. Und die Clowns beschäftigen die Leute, während die Sache wieder in Ordnung gebracht wird.« Auf eine gewisse Art war das sein Ziel, sagt Jón Gnarr. Am Anfang.

Dann erzählt Jón, wie alles begann und wie er auf die Idee mit der »Besten Partei« gekommen ist. Was natürlich mit der Krise zu tun hat. »Als in Island alles zusammenbrach«, erzählt er, »hämmerten die Medien die ganze Zeit auf unsere Schwächen ein: ›Wir sind wahrscheinlich pleite! Alle lachen über uns! Vielleicht ist das das Ende von Island?‹ Wahrscheinlich. Oder vielleicht. ›Wir werden nicht mehr in diesem Land leben können!‹ Du konntest immer jemanden finden«, so Jón, »der sagte, dass es wahrscheinlich sei, dass morgen das Ende der Welt kommen würde. Oder vielleicht nächste Woche.« Und einige Leute, da sie sich noch nie in einer solchen Situation befunden hatten, fürchteten, dass die Läden bald schließen würden, dass kein Essen mehr da sein würde oder kein Benzin. Besonders, nachdem der Premierminister im Fernsehen Gott höchstpersönlich um Hilfe gebeten hatte. »Ich meine«, sagt Jón, »dabei ist es ist noch nicht einmal erwiesen, dass Gott überhaupt existiert!«

Das alles sei sehr merkwürdig gewesen, damals. Vor allem, weil man Politiker ja eigentlich als Menschen kannte, die über Fakten sprachen. Als Technokraten. »Und da stand plötzlich der höchste der Technokraten und ruft nach Gott!« Gott sollte kommen und das alles heil machen. Jón beobachtete diese Dinge genau – als Komiker. Schon damals überlegte er öffentlich in seiner Radio-Show, eine Partei zu gründen – und sie sollte so blöd wie möglich sein. Seine Idee damals war unter anderem Kulturminister zu werden und sich durch diese Position einen Sendeplatz für eine TV-Show beim staatlichen Sender RUV am Samstagabend zu sichern. Die Situation eine Weile quasi als Parodie der bestehenden Verhältnisse zu nutzen und dann als Minister öffentlich zurückzutreten. Wegen Korruption.

Doch langsam bekam seine Idee eine weitere Dimension. »Ich bin ja eigentlich ein Stand-up-Comedian«, sagt Jón. Und das, was man als Bühnenmensch vor allem lerne, sei, die Gesichter der Zuschauer zu lesen. Besonders die Augen. Weil sie der Spiegel der Seele sind. Und was er sah, als er den Menschen auf der Straße damals kurz nach der Verstaatlichung der Banken in die Augen schaute, war Unsicherheit, Angst und Wut. »Die Politiker hatten Angst in den Augen. Die Polizisten, die plötzlich Helme trugen, hatten Angst in den Augen. Die Demonstranten waren wütend, andere ängstlich, weil sie nicht wussten, was das alles hier bedeutete.« Als er das erkannte, habe das Konzept seiner Spaßpartei für ihn noch tiefer gehende Motive bekommen. »Ich kann den Leuten helfen, wieder an sich zu glauben«, dachte Jón. »Ich habe das Know-how, ihnen ein gutes Gefühl zu geben. Denn das habe ich als Komiker immer getan.« Das sei die Magie der Comedy, erklärt er, »dass sie Angst, Argwohn, Paranoia und Wut heilen kann«.

Und Spaßpartei hin oder her, das ist wirklich bemerkenswert: Während in vielen Ländern, in denen es mit der Wirtschaft bergab geht und die Angst grassiert, oft ein Nährboden für rechtspopulistische Parteien entsteht, überlegte sich in Reykjavík ein Komiker, die Sorgen, die Wut und den Verlust des Selbstwertgefühls mit Humor zu bekämpfen. Er dachte, so Jón, »ich kann das nutzen, um den Leuten zu helfen, wieder an sich zu glauben«. Plötzlich hatte die Idee der »Besten Partei« eine doppelte Agenda.

Die Entscheidung, sie wirklich ins Leben zu rufen, traf Jón im Dezember 2009. Damals war er in Puerto Rico und verfolgte die Krisennachrichten aus der Ferne auf dem Laptop. Als er darüber nachdachte, was daheim alles passiert war, wie seine Landsleute auf ein paar Männer vom IWF in schwarzen Anzügen warteten, und Gerüchte kursierten, dass die Deutsche Bank das Land übernehmen könnte oder die Engländer, fragte Jón sich: Warum bleibe ich nicht einfach hier? Warum soll ich dahin zurück, wenn alles auseinanderfällt? Stattdessen entschied er sich für die Partei. Mitglieder sind neben Einar Örn Benediktsson noch viele weitere Künstler wie etwa der Musiker Óttar Proppé.

Seit sie im Mai 2010 tatsächlich gewählt und auf Anhieb stärkste Kraft im Stadtrat wurden, bilden sie mit der sozialdemokratischen Allianz eine Koalition im Rathaus. Wie Jón den Moment des Wahlsiegs empfand? »Ich bin eine sehr verantwortliche Person«, sagt er und ihm sei klar geworden, dass die Leute tatsächlich ihre Gründe hatten, sie zu wählen, weshalb er sie nicht im Stich lassen wollte. Er dachte: »Wir können diese negative Stimmung und Hoffnungslosigkeit in Optimismus und Hoffnung ändern. Wir müssen nur daran arbeiten.« Seitdem haben sie Verantwortung übernommen und nehmen ihre Aufgaben ernst. Jetzt, nach einem Jahr im Amt, sagt er, dass er es selbst manchmal erstaunlich findet, dass niemand in der Besten Partei jemals vorher Politiker war und trotzdem noch keiner von ihnen aufgehört hat. Und das, obwohl es oft nicht einfach sei. Beispielsweise sei die Kommunikation in der politischen Welt manchmal brutal. »Es kann grob und primitiv werden.« Er habe schon in den komischsten Jobs gearbeitet, aber dieser sei der merkwürdigste, wenn es um die Kommunikation gehe.

Was langfristig das Ergebnis dieses Experiments sein soll? »Dass wir etwas Neues und anderes machen können. Rücksichtsvoller und ehrlicher sein. Dass wir besser miteinander kommunizieren und lernen, wieder Dialoge zu führen«, sagt Jón. »Ich würde mich freuen, wenn die Leute wieder an sich selbst glauben.« Die Zeit der Helden sei im Grunde vorbei. Der letzte Held sei Obama gewesen. »Man hat geglaubt, er würde alles ändern. Aber das wird auch er nicht, wenn wir nichts ändern«, so Jón. »Und da sind noch immer 160 Menschen in Guantánamo.« Wenn Obama zu Besuch nach Island käme, würde er sich gegen die Todesstrafe aussprechen. Oder einen Guantánamo-Anzug anziehen.

Mitten in unserer Unterhaltung kommt übrigens immer wieder der Assistent von Jón in den Raum und erinnert daran, dass die Interviewzeit abgelaufen ist. Jón erzählt trotzdem weiter. Irgendwann im Gespräch sagt er im Spaß: »Ich bin Komiker und ich bin Bürgermeister und ich bin zurzeit wahrscheinlich die gefährlichste Person in Island. Weil ich unberechenbar bin.« Wer weiß, vielleicht übernimmt er auch noch das Parlament.

Als wir uns verabschieden, sagt Jón, der Komiker und Bürgermeister: »Jetzt hab ich dir gar nicht meinen liebsten Deutsch-Witz erzählt.« Sein Gesicht sieht gleich viel entspannter aus als bei unserem ernsten Gespräch. Jón ist selbst Teil seines Witzes. Und zwar wollte er unbedingt Deutsch lernen. Also hat er sich eine Linguaphone-CD besorgt, bei der man immer Sätze nachsprechen sollte, und hat sie im Auto gehört. »Aber es gibt nichts Langweiligeres als das!«, sagt Jón. Deshalb lautet der einzige Satz, den er bis heute spricht: »Hören Sie gut zu und wiederholen Sie.« Er lacht. Dann muss auch er dringend in die nächste Sitzung.

Björk ist vermutlich doch keine Elfe

An meinem letzten Abend in Island gehe ich am Meer spazieren. Graue Wellen schwappen ans Ufer. Und da passiert es. Ganz plötzlich. Ich sehe Björk. Sie steht zusammen mit einer Frau in einem Hauseingang und unterhält sich. Entweder gehöre ich jetzt tatsächlich zu dem Zirkel jener, die Elfen sehen können. Oder Björk ist ein ganz normaler Mensch. Ich schäme mich ein wenig. Denn während ich ganz baff, sie tatsächlich einmal zu sehen, zu ihr hinüberstarre, tritt sie einen Schritt in den Hauseingang zurück. Schnell schaue ich weg, gehe weiter und denke: Man sollte diese tolle Frau einfach in Ruhe lassen, genau wie die Elfen, die in Felsen leben.

Der perfekte Staat

Kurz bevor ich in den Flieger zurück nach Berlin steige, treffe ich mich mit Viktor, einem Kollegen vom *Morgunblaðið*, den ich bei diesem Aufenthalt noch gar nicht gesehen habe. Wir trinken Kaffee im Café Paris, mit Blick auf den Platz Austurvöllur, an dem das Parlamentsgebäude Alþingi steht. Hier fanden die berühmten Demonstrationen statt.

»Was meinst du«, möchte Viktor wissen, »was hat sich in Island verändert?« Ich erzähle ihm, dass ich auf dem Hinflug eine Begegnung mit einer jungen Isländerin hatte. Sie war auf dem Weg zurück nach Island, nachdem sie in Österreich als Skilehrerin gearbeitet hatte. Sie erzählte mir, dass sie im Skiort manchmal behauptet habe, sie sei aus Dänemark – damit die Leute, sie nicht ewig auf die Krise ansprachen.

Das war für mich neu. Vor einigen Jahren noch war Island eines der tollsten Länder der Welt, von wo man gerne kam, der coole, unbescholtene Außenseiter. Plötzlich behauptete eine Isländerin, sie käme aus Dänemark. Ausgerechnet aus dem Land, das Island jahrhundertelang beherrscht hat. Viktor lacht. Er sagt: »Na, zumindest ist es gut, dass niemandem aufgefallen ist, dass

Dänemark keine Berge hat. Eine Skilehrerin aus Dänemark – was für ein Unsinn!«

Aber es stimmte schon, sagt er. Die Isländer müssten jetzt damit leben, doch nicht mehr die Besten auf der Welt zu sein. Aber es habe auch ein gewisser Druck auf dieser Ambition gelastet. Viele dachten in Zeiten der Blase: »Der Nachbar hat einen Landrover? Dann brauche ich jetzt auch einen.« Heute sei es genau anders herum. Sieht man den Nachbarn mit dem Landrover, denkt man: »Der Arme!« Weil man weiß, dass er vermutlich Schulden hat. Viele haben Schulden, sagt Viktor. Was es vielleicht ein wenig leichter macht, weil es geteiltes Leid ist.

Am Tiefpunkt gingen die Leute in die Banken und schrien die Angestellten an, weil sie sich betrogen fühlten, und die Angestellten schrien die Chefs an, weil auch sie meist nicht wussten, was sie eigentlich verkauften. Heute schäme man sich auch, weil man sich fragte: Wieso habe ich nichts bemerkt? Wieso habe ich mich von dem Traum verführen lassen und die schlechten Seiten übersehen?

»Man war wütend in Island«, sagt Viktor, »aber es ist hier nie total eskaliert. Das ist das Schöne.« Und das stimmt, vor allem, wenn man an die Bilder aus Griechenland denkt. Viktor erzählt von dem Abend, an dem dann doch ein paar Pflastersteine flogen und die Polizei Tränengas einsetzte. Er ging damals durch die Straßen und hörte plötzlich einen lauten Knall. Es war bedrohlich. Vor allem, weil man etwas derartiges in Island nicht kannte. Polizisten hält man hier nicht per se für »Bullen« oder Gegner. Und für die Polizisten selbst war es ungewohnt, mit Helmen und Schildern vor ihren Landsleuten zu stehen. Außerdem hatten sie ja die gleichen Probleme wie die Demonstranten.

Und so geschah am nächsten Tag etwas Bemerkenswertes: Manche Demonstranten waren so erschrocken über die Steinwürfe, dass sie sich spontan vor die Polizisten stellten – um sie zu schützen.

Auch gegen diejenigen, die man für die hauptverantwortlichen der Krise hält, hat es damals Reaktionen gegeben. »Als ein ehemaliger Bankchef in ein Restaurant in Reykjavík kam, standen manche Leute auf und sagten, sie wollten nicht in einem Raum mit ihm essen. Nach und nach erhoben sich immer mehr Leute. Bis der Mann das Restaurant verließ.« In einer Zeitschrift wurde berichtet, dass ein anderer Großunternehmer auf der Straße von jemandem mit einem Schneeball beworfen wurde.

Außerdem hatte sich auch in der Kunstszene etwas verändert, sagt Viktor. Viele der Superreichen hatten zum Beispiel angefangen, Kunstwerke aufzukaufen. Und eine der Banken veranstaltete zu ihrem Jubiläum ein Konzert, zu dem 50 000 Leute kamen. »Das muss man sich mal vorstellen«, sagt Viktor. »Zum Jubiläum einer Bank!« Als die Band *Sigur Rós* auch zu Zeiten des Wirtschaftsbooms ein Konzert in Reykjavík gab – einfach so, ganz umsonst – da fiel es manchen Leuten auf. »Ach, das ist ja toll«, sagten sie. »So ein Konzert, das nur von den Künstlern kommt, nicht von einer Bank. Nicht als Zeichen einer Sponsorenschaft.« Heute ist das wieder so: »Die Kunst«, sagt Viktor, »ist wieder frei«.

Viktor sieht in der Krise auch Gutes. Eine Rückbesinnung, vieles reguliert sich wieder. So gesehen sei es doch mal interessant, über die Frage nach der Größe des perfekten Staates nachzudenken, sagt er. »Vielleicht werden wir nie Unglaubliches oder nie Perfektion erreichen und nie so viele Goldmedaillen bekommen wie andere Länder. Aber wenn man unsere Situation einmal mit China vergleicht – was für Aussichten hat da ein Einzelner, etwas zu bewegen?« Viktor überlegt, dann grinst er. »Denk nur einmal an das, was Andy Warhol gesagt hat: In Zukunft wird jeder 15 Minuten Ruhm haben. In Island hat man nicht nur 15 Minuten – sondern unter Umständen 15 Jahre!«

Wir philosophieren sprudelnd weiter, so eifrig, dass ich beinahe meinen Flieger verpasse. Doch dieses Gespräch hat sich von Herzen gelohnt. Vor allem, weil Viktor, bevor ich gehe, noch diesen einen Satz spricht, nach dem ich mich insgeheim die ganze Zeit über gesehnt habe.

»Island«, sagt er, »ist noch immer ein Märchenland.«

»Auf der Westseite von Norwegen findet sich, vom Weltmeere umspült, eine Insel, welche Eisland genannt wird, ein nur schwach bewohnbares Land, von dem aber Wunderdinge zu berichten sind ...«

SAXO GRAMMATICUS, ein bekannter dänischer Geschichtsschreiber, Anfang des 13. Jahrhunderts

Die isländische Aussprache

Die Namen und Ausdrücke in diesem Buch werden Ihnen vielfach rätselhaft und unaussprechlich erscheinen. Und das wird vermutlich auch lange so bleiben. Es sei denn, Sie lernen die Sprache wirklich, was nicht so einfach ist. Damit Sie unterwegs nicht verloren gehen und zumindest eine Ahnung davon bekommen, wie manches ausgesprochen wird, hier ein paar Grundpfeiler in Sachen Betonung.

Das »á« wird wie im Text schon erwähnt »au« ausgesprochen. Sie werden es am Wort »já« (ja) erkennen, das wie ein fröhliches »jau« von der Zunge geht (und übrigens selten allein daherkommt, oft sagen die Isländer: »jau, jau«).

Das isländische »au« klingt ähnlich wie »eui« in Feuilleton. Die Haupteinkaufsstraße »Laugavegur« wird also: »Leuigavegur« ausgesprochen.

Das »æ« wird nicht, wie man vielleicht vermuten könnte, wie »ä« betont, sondern wie »ei«. Folglich spricht man den zweiten Namen des isländischen Schriftstellers Andri Snær Magnason wie »Sneir« aus.

Das »ð«, dem Sie im Text immer wieder begegnet sind, wird wie ein weiches englisches »th« ausgesprochen.

Das » þ« dagegen (ein Buchstabe, der übrigens aus dem Runenalphabet kommt) wird wie ein hartes englisches »th« ausgesprochen.

Zum ersten Mal werden Sie sich vermutlich schon am Flughafen Keflavík wundern. Steht das »f« vor »l« oder »n« wird es wie »b« ausgesprochen. Sagen Sie also: »Keblavík«.

Begegnet Ihnen die Kombination »hv«, wie zum Beispiel beim »Hvalfjörður« (dem Walfjord), wird das »hv« wie »kw« ausgesprochen, also in etwa so wie unser »q« im Wort »Quark«.

Das »r« wird im Isländischen wunderbar gerollt. Schauen Sie sich im Internet einmal Interviews mit Björk an – da werden Sie es hören, auch wenn sie Englisch spricht.

Besonders gut gefällt mir das Wispern am Ende mancher Wörter. Es ist ganz leise und dezent, und hat etwas vom Rauschen des Windes. Es ist ein bisschen wie unser »ch«. Am Ende des Vornamens Oddur zum Beispiel kommt es vor. Er läuft mit einem sanften »ch« aus.

Zu guter Letzt noch zur Aussprache des berühmten Vulkans »Eyjafjallajökull«. »ll« wird im Isländischen oft wie »dl« ausgesprochen. Eyjafjallajökull klingt also eher (eher, weil dieses Wort wirklich schwer ist!) wie »Eyjafjadlajökudl«. Und der Clou: auch hier folgt am Ende ein wisperndes »ch«.

Haben Sie eine gute Reise!
Bless, bless! (Tschüß!)

Takk fyrir
Dankeschön

Allen voran möchte ich Gisli danken, meinem Redaktionskolle-
gen. An dieser Stelle sollte ich sagen, dass ich die Namen von
Privatpersonen in diesem Buch aus Persönlichkeitsgründen geändert habe, während die Namen der Menschen auf offiziellen
oder öffentlichen Posten wie Museumsdirektoren, Haifisch-
häppchen-Hersteller oder Bürgermeister selbstverständlich die
richtigen sind. Gisli weiß trotzdem, dass er gemeint ist. Gisli, ich
danke Dir von ganzem Herzen für Deine wundervolle Hilfe, die
Freundschaft, Deinen großartigen Humor und die vielen Geschichten, mit denen Du mir Dein Land immer wieder von
Neuem nahegebracht hast. Das werde ich nie vergessen! Ich
danke meinen Freunden Auðunn Arnarsón und Margrét Svein-
björnsdóttir für die vielen so schönen Treffen und Abendessen,
bei denen wir über Island und das Leben sprachen. Ich danke
allen meinen ehemaligen Kollegen beim *Morgunblaðið* für die
unschlagbare Herzlichkeit, mit der sie mich damals aufgenommen haben, woraus sich über die Jahre manche Freundschaft
entwickelt hat. Darunter ganz besonders: Eyrún Magnúsdóttir,

Guðni Einarsson, Ragnar Axelsson, Kristján Jónsson, Karl Blöndal, Sigurbjörg þrastardóttir und natürlich allen, die beim Wikingerabend dabei waren. Ich danke Jóhannes Ágústsson für die tollen Gespräche und die zahlreichen Espressi im besten Plattenladen des Universums. Und ich danke natürlich allen zu Hause, die mir mit Geduld, Mutmachen und Liebe halfen, wenn ich gerade nicht weiterwusste. Darunter allen voran meinen Eltern, Inka Schmeling, Jacque Porth, Moritz Mihm, Dorit Bergzog, Marlene Burger, Imke Groeneveld, Kai Schächtele, Christian Henkel, Ursula Karven, Fisken Kristiansen, Olga Tzikouli, Werner Löcher-Lawrence und Magnus Wennerholm. Außerdem danke ich Martin Scherer, ohne den ich dieses, mein erstes Buch, gar nicht geschrieben hätte. Und den wunderbaren Lektorinnen Katharina Hatheier und Anna Egger.